广东省智能机器人产业创新发展报告
2022

广东省科学技术情报研究所
广东省机器人协会
　　　　　　　　　　著

·北京·

图书在版编目（CIP）数据

广东省智能机器人产业创新发展报告. 2022 / 广东省科学技术情报研究所，广东省机器人协会著. —北京：科学技术文献出版社，2023.11
ISBN 978-7-5235-0490-1

Ⅰ.①广… Ⅱ.①广… ②广… Ⅲ.①智能机器人—产业发展—研究报告—广东—2022 Ⅳ.① F426.67

中国国家版本馆 CIP 数据核字（2023）第 138280 号

广东省智能机器人产业创新发展报告（2022）

策划编辑：刘 英 陈梅琼　责任编辑：张瑶瑶　责任校对：张永霞　责任出版：张志平

出 版 者	科学技术文献出版社
地　　 址	北京市复兴路15号　邮编 100038
编 务 部	（010）58882938，58882087（传真）
发 行 部	（010）58882868，58882870（传真）
邮 购 部	（010）58882873
官方网址	www.stdp.com.cn
发 行 者	科学技术文献出版社发行　全国各地新华书店经销
印 刷 者	北京虎彩文化传播有限公司
版　　 次	2023 年 11 月第 1 版　2023 年 11 月第 1 次印刷
开　　 本	787×1092 1/16
字　　 数	154千
印　　 张	12.75
书　　 号	ISBN 978-7-5235-0490-1
审 图 号	GS京（2023）1879号
定　　 价	88.00元

版权所有　违法必究

购买本社图书，凡字迹不清、缺页、倒页、脱页者，本社发行部负责调换

《广东省智能机器人产业创新发展报告（2022）》
编委会

主　编　刘小琳　林兴浩　王　龙　任玉桐　闵华清
副主编　张百尚　王　彬　敖　青　章柱衡　朱金辉

序　言

机器人被誉为"制造业皇冠顶端的明珠"，其研发、制造、应用是衡量一个国家科技创新和高端制造业水平的重要标志，已成为全球新一轮科技和产业革命的重要切入点。从1968年美国斯坦福研究所发明具有视觉传感器、能根据人的指令发现并抓取积木的世界第一台智能机器人开始，智能机器人在短短几十年时间内飞速发展，已广泛渗入工业生产、商业服务、医疗健康、特种作业、家庭应用和军事应用等方方面面。2015年被誉为智能机器人发展的元年，伴随着与人工智能联系密切的机器智能的发展，智能机器人具备精准感知、自主决策、智能迭代等功能，离"人"越来越近。全球主要发达国家，如美、日、德等纷纷将发展智能机器人产业上升到国家战略高度，统筹部署推进本国智能机器人产业发展，以抢占全球智能机器人产业技术制高点。近年来，我国智能机器人产业正处于快速发展期，中央及地方相关主管部门陆续出台政策规划，在资金奖补、税收减免、项目支持、平台建设与应用示范等方面支持推动智能机器人产业发展。

广东作为我国制造业大省，拥有发展智能机器人产业的良好基础和丰富应用场景。在贯彻落实国家战略部署的基础上，广东出台了《广东省制造业高质量发展"十四五"规划》《广东省培育智能机器人战略性新兴产业集群行动计划（2021—2025年）》《广东省新一代人工智能创新发展行动计划（2022—2025年）》等系列政策文件，实施智能机器人相关的重点领域研发计划，加速布局国家重点实验室、省实验室、高水平创新研究院等高端创新平台，构建政产

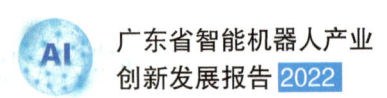

学研用金深度融合的智能机器人创新体系。经过十多年的快速发展，广东智能机器人产业领跑全国，2021年广东智能机器人产业集群营业收入533.9亿元，同比增长24.1%，工业机器人累计产量12.44万台（套），占全国产量的34.0%，全球领先的智能机器人产业集聚区初步建成。

为更好地反映广东智能机器人在时间和空间上的系统性战略谋划和布局发展，广东省科学技术情报研究所联合广东省机器人协会，立足国际视野，组织编写了《广东省智能机器人产业创新发展报告（2022）》（以下简称《报告》），力求客观准确研判国内外新形势，对标对表国内外先进地区新经验，揭示广东智能机器人未来发展面临的新机遇和新挑战，引导市场发展。《报告》对智能机器人产业链和价值链进行了系统梳理，对全球重点国家和重点地区智能机器人产业规模、技术创新、产业动态、政策举措等产业发展特征进行了高度的凝练和总结，并紧扣广东实际，系统分析了广东智能机器人发展基础和优势、问题和短板，提出了有针对性的对策建议。

《报告》的编写得到了中国科学技术信息研究所、华南理工大学、广州智能装备研究院有限公司等机构的大力支持。《报告》还参考了大量的网络资料、智库文献，因篇幅有限，无法一一注明，在此一并表示感谢！由于编者研究水平和研究能力有限，《报告》肯定还存在很多问题和不足之处，敬请读者不吝批评指正！

编写组

2023年5月

目 录

第一章 智能机器人产业链与价值链 1

    1.1 产业链分布 1

    1.2 产业链重点环节价值分析 5

第二章 全球智能机器人产业发展概况 18

    2.1 全球智能机器人产业概况 18

    2.2 全球智能机器人技术创新概况 31

    2.3 全球智能机器人产业重大事件 42

    2.4 全球智能机器人发展政策概况 46

第三章 中国智能机器人产业发展概况 53

    3.1 中国智能机器人产业概况 53

    3.2 中国智能机器人技术创新概况 61

    3.3 中国智能机器人产业重大事件 72

    3.4 中国智能机器人发展政策概况 75

第四章 广东省智能机器人产业规模及产业链分析 83

    4.1 广东省智能机器人产业规模及技术水平 83

    4.2 广东省智能机器人产业结构及企业数量分布 85

4.3	广东省工业机器人产业链分析	87
4.4	广东省服务机器人产业链分析	89
4.5	广东省特种机器人产业链分析	91

第五章　广东省智能机器人发展政策环境 94

5.1	省级智能机器人相关支持政策	94
5.2	地市级智能机器人相关支持政策	99

第六章　广东省智能机器人技术创新能力分析 103

6.1	广东省智能机器人相关高校院所	103
6.2	广东省智能机器人相关创新平台	106
6.3	广东省智能机器人相关产业园区	109
6.4	广东省智能机器人相关服务机构	112
6.5	广东省智能机器人相关专利分析	114

第七章　广东省智能机器人产业区域分布 123

7.1	深圳市	123
7.2	广州市	136
7.3	东莞市	143
7.4	珠海市	149
7.5	佛山市	154
7.6	珠三角其他城市	160
7.7	粤东西北地区	165

第八章 智能机器人产业发展总结及展望 169

8.1 国内外智能机器人产业发展总结及展望 169
8.2 广东省智能机器人产业发展总结及展望 173

参考文献 184

后记 189

图表目录

图 1-1　智能机器人产业链分布 2

图 1-2　工业机器人产业链分布 3

图 1-3　服务机器人产业链分布 4

图 1-4　中国伺服系统市场规模 6

图 1-5　中国工业机器人用控制器市场规模 7

图 1-6　中国工业机器人精密减速器需求量 8

图 1-7　中国谐波减速器市场规模 9

图 1-8　中国 RV 减速器市场规模 10

图 1-9　中国 DSP 芯片市场规模及需求量 11

图 1-10　中国机器视觉市场规模 12

图 1-11　中国 3C 行业机器人市场规模 15

图 1-12　全球移动机器人市场规模 16

图 1-13　中国医疗机器人市场规模 17

图 2-1　2017—2024 年全球工业机器人市场规模 19

图 2-2　2017—2024 年全球服务机器人市场规模 20

图 2-3　2017—2024 年全球特种机器人市场规模 21

图 2-4　2021 年全球主要国家或地区工业机器人密度情况 22

图 2-5　2021 年全球智能机器人供给商区域分布 23

图 2-6　全球智能机器人领导厂商分布 24

图 2-7　全球智能机器人专利公开量态势 34

图 2-8	全球智能机器人专利技术来源国分布	35
图 2-9	主要技术来源国专利公开量态势	36
图 2-10	不同国家的机构在华申请智能机器人专利情况	36
图 2-11	主要国家的机构在华申请智能机器人专利历年情况	37
图 2-12	全球智能机器人专利企业申请人排名	38
图 2-13	全球主要国家/地区智能机器人相关政策分布	49
图 3-1	2017—2024 年中国工业机器人市场规模	55
图 3-2	2017—2024 年中国服务机器人市场规模	56
图 3-3	2017—2024 年中国特种机器人市场规模	57
图 3-4	中国智能机器人产业分布	58
图 3-5	中国智能机器人领导厂商分布	60
图 3-6	中国智能机器人专利公开量态势	64
图 3-7	中国智能机器人海外专利申请地区分布	65
图 3-8	中国智能机器人海外专利公开量趋势分析	66
图 3-9	国内主要省份智能机器人专利申请量	66
图 3-10	国内主要省份智能机器人专利申请趋势	67
图 3-11	我国智能机器人专利技术功效趋势	68
图 4-1	广东省智能机器人产业结构	86
图 4-2	广东省各市智能机器人企业数量占比情况	86
图 5-1	广东省地市级智能机器人相关政策分布	100
图 6-1	广东省智能机器人专利公开量趋势	114
图 6-2	广东省智能机器人领域专利申请人类型分布	118
图 6-3	广东省智能机器人领域有效发明专利第一申请人排名	119
图 6-4	广东省专利技术功效趋势	120
图 6-5	广东省各地市智能机器人领域专利 IPC 主分类号（小类）分布	121

图表目录

图 7-1　2017—2021 年深圳市机器人企业注册数量增长趋势 124
图 7-2　2021 年深圳市各区机器人企业注册数量占比情况 125
图 7-3　深圳市机器人产业融资结构 126
图 7-4　工业机器人产品系列 129
图 7-5　InoRobotVision 视觉软件 131
图 7-6　大型仿人服务机器人 Walker 133
图 7-7　2017—2021 年广州市机器人企业注册数量增长趋势 137
图 7-8　2021 年广州市各区机器人企业注册数量占比情况 137
图 7-9　广州数控全系列工业机器人 140
图 7-10　巡逻机器人 142
图 7-11　2017—2021 年东莞市机器人企业注册数量增长趋势 144
图 7-12　东莞市机器人产业融资结构 145
图 7-13　李群自动化新一代月饼包装线 147
图 7-14　拓斯达产品 147
图 7-15　云鲸拖扫一体机器人 148
图 7-16　伯朗特产品 149
图 7-17　2017—2021 年珠海市机器人企业注册数量增长趋势 150
图 7-18　2021 年珠海市各区机器人企业注册数量及其占比情况 150
图 7-19　云洲智能 ME120 巡航监测无人船 152
图 7-20　一微半导体机器人主控芯片 154
图 7-21　2017—2021 年佛山市机器人企业注册数量增长趋势 155
图 7-22　2021 年佛山市各区机器人企业注册数量及其占比情况 155
图 7-23　佛山市机器人产业融资结构 156
图 7-24　嘉腾叉车型 AGV、消毒 AGV 157
图 7-25　嘉腾底盘型 AGV 158

图 7-26	华数 Delta 并联机器人、HSR-JR612 六轴机器人	159
图 7-27	2017—2021 年珠三角其他城市机器人企业注册数量增长趋势	161
图 7-28	2021 年珠三角其他城市机器人企业注册数量	161
图 7-29	2017—2021 年粤东西北地区机器人企业注册数量增长趋势	165
图 7-30	2021 年粤东西北地区机器人企业注册数量	166
图 8-1	机器人发展阶段示意	170

表 2-1	全球智能机器人领导厂商概况	25
表 2-2	全球主要国家/地区智能机器人相关政策分布	50
表 3-1	中国（除广东外）部分智能机器人相关政策	76
表 4-1	2021 年广东省智能机器人产业集群营业收入分布	84
表 4-2	广东省部分服务机器人产业链上中游企业	89
表 4-3	广东省部分服务机器人产业链下游企业	90
表 4-4	广东省部分特种机器人企业	92
表 5-1	广东省省级智能机器人相关政策	96
表 5-2	广东省地市级智能机器人相关政策	101
表 6-1	广东省各地市智能机器人专利数量及类型分布	116
表 6-2	广东省各地市专利质量相关指标	117
表 6-3	广东省各地市智能机器人领域专利 IPC 主分类号（小类）分布	122
表 7-1	2021—2022 年深圳市智能机器人领域的部分科技奖项	127
表 7-2	2021 年深圳市物流机器人应用大赛获奖企业名单	128
表 7-3	2021—2022 年广州市智能机器人领域的部分科技奖项	138
表 7-4	2021 年东莞市智能机器人相关科技奖项	146

第一章
智能机器人产业链与价值链

1.1 产业链分布

机器人（robot）是具有一定自主性的可编程机械系统，可以在其环境中运动并完成一些规定任务。机器人是人工智能得以应用于多样化领域的重要载体。作为一种重要的智能硬件，随着计算机视觉、机器学习、智能语音等多种智能算法技术的进步，机器人行业也将实现飞速的发展。短期来看，人工智能技术助力制造业中自动化与柔性化生产的推行，从而促进工业机器人在高端制造业领域的广泛应用；长期来看，未来人工智能最大的应用市场将出现在服务机器人领域，面对远比当前工业生产复杂的环境，服务机器人对人工智能技术的要求更高更全面，市场空间更加巨大。

智能机器人产业链包括上游、中游、下游3个环节：其中，产业链上游对应核心零部件和软件领域，产业链中游对应机器人本体制造及系统集成领域，产业链下游对应具体应用领域。智能机器人产业链环节少，但涉及多个高新技术领域，整体技术含量较高。在智能机器人产业链上游，核心零部件主要包括伺服系统、控制器、精密减速器、人工智能芯片、传感器、激光雷达等，软件包括机器视觉、人机交互、机器学习、系统控制等，它们的性能决定了智能机器人的性能及智能化水平，技术含量最高，成本占比最大。在智能机器人产业链中游，本体制造主要集中在加工工艺和整机结构两个领域，系统集成主要包括工业机器人、服务机器人及特种机器人等领域。在智能机器人产业链下游，应用涉及工业应用和服务应用，主要包括3C（计算机、通信和消费电子3类产品）、汽车、家电、金属加工、医疗、康养、物流等。智能机器人产业链分布如图1-1所示，工业机器人产业链分布如图1-2所示，服务机器人产业链分布如图1-3所示。

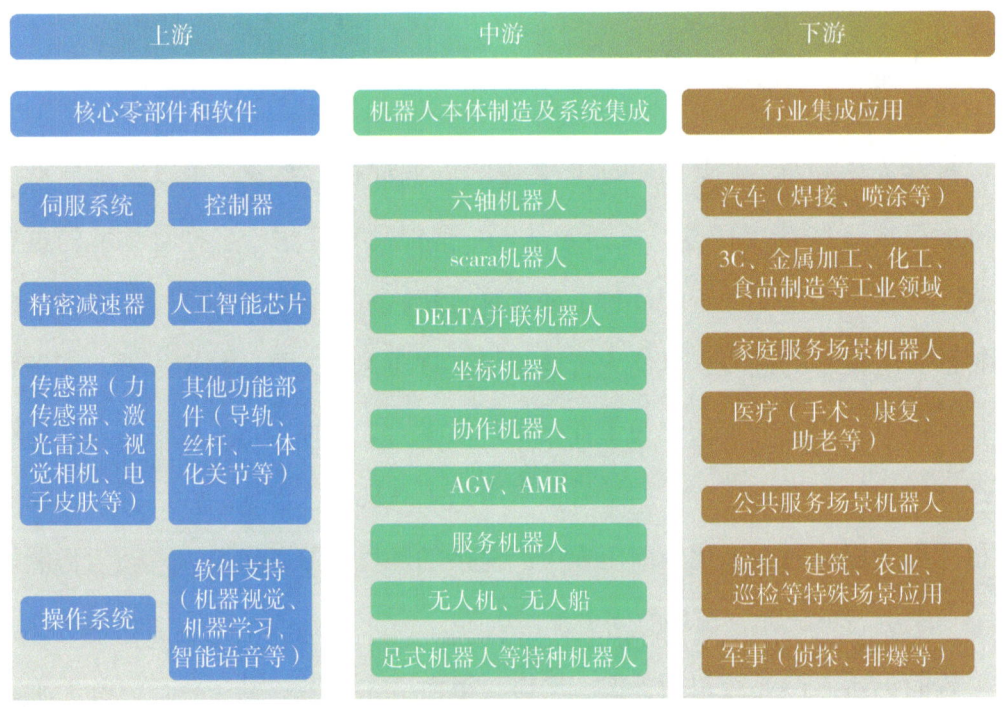

图1-1　智能机器人产业链分布

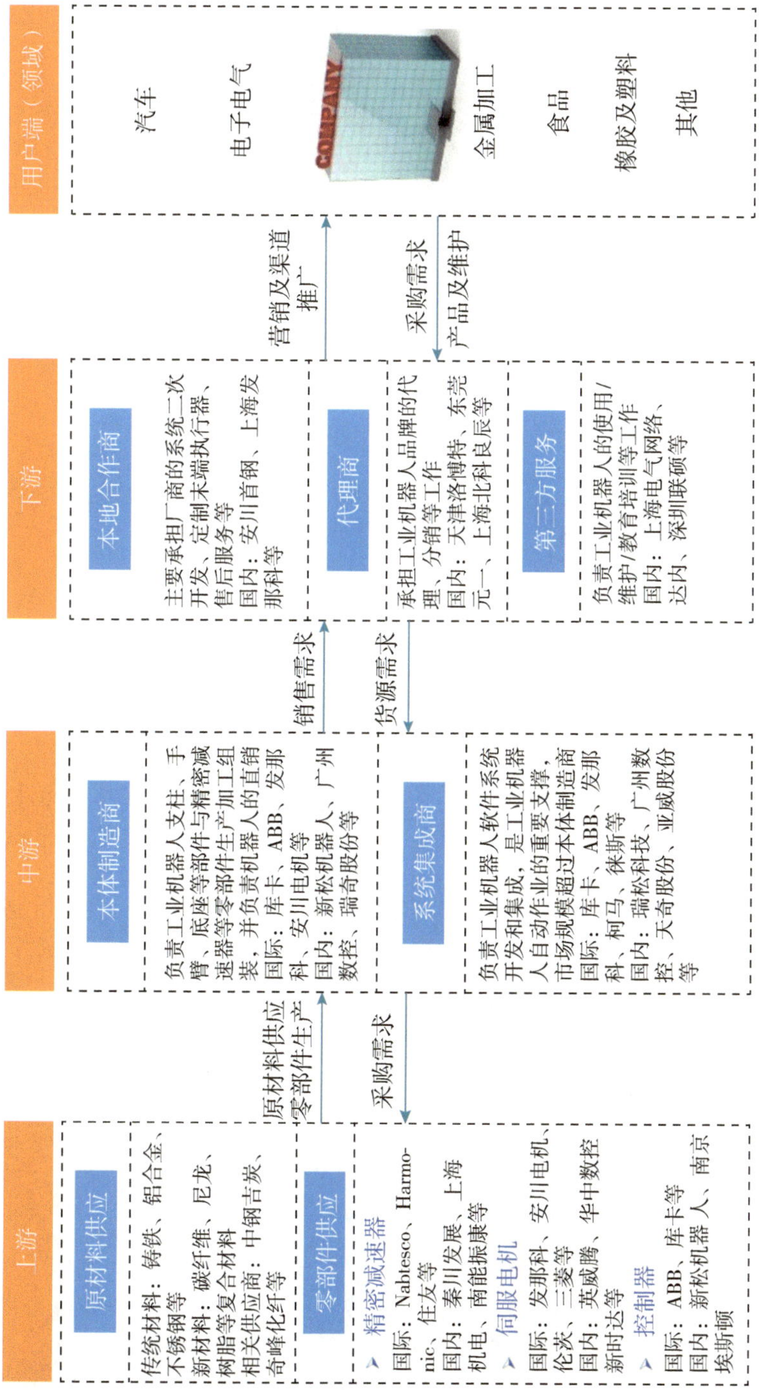
上游
原材料供应
传统材料：铸铁、铝合金、不锈钢等
新材料：碳纤维、尼龙、树脂等复合材料
相关供应商：中钢吉炭、奇峰化纤等
零部件供应
精密减速器
国际：Nabtesco、Harmonic、住友等
国内：秦川发展、上海机电、南能振康等
伺服电机
国际：发那科、安川电机、伦茨、三菱等
国内：英威腾、华中数控、新时达等
控制器
国际：ABB、库卡等
国内：新松机器人、南京埃斯顿
原材料供应
零部件生产
采购需求
中游
本体制造商
负责工业机器人支柱、手臂、底座等部件与精密减速器等零部件生产加工组装，并负责机器人的直销
国际：库卡、ABB、发那科、安川电机等
国内：新松机器人、广州数控、瑞奇股份等
系统集成商
负责工业机器人软件系统开发和集成，是工业机器人自动作业的重要支撑，市场规模超过本体制造商
国际：库卡、ABB、发那科、柯马、徕斯等
国内：瑞松科技、广州数控、天奇股份、亚威股份等
销售需求
货源需求
下游
本地合作商
主要承担厂商的系统二次开发、定制末端执行器、售后服务等
国内：安川首钢、上海发那科等
代理商
承担工业机器人品牌的代理、分销等工作
国内：天津洛博特、东莞元一、上海北科良辰等
第三方服务
负责工业机器人的使用/维护/教育培训等工作
国内：上海电气网络、达内、深圳联硕等
营销及渠道推广
采购需求
产品及维护
用户端（领域）
汽车
电子电气
COMPANY
金属加工
食品
橡胶及塑料
其他

图 1-2 工业机器人产业链分布

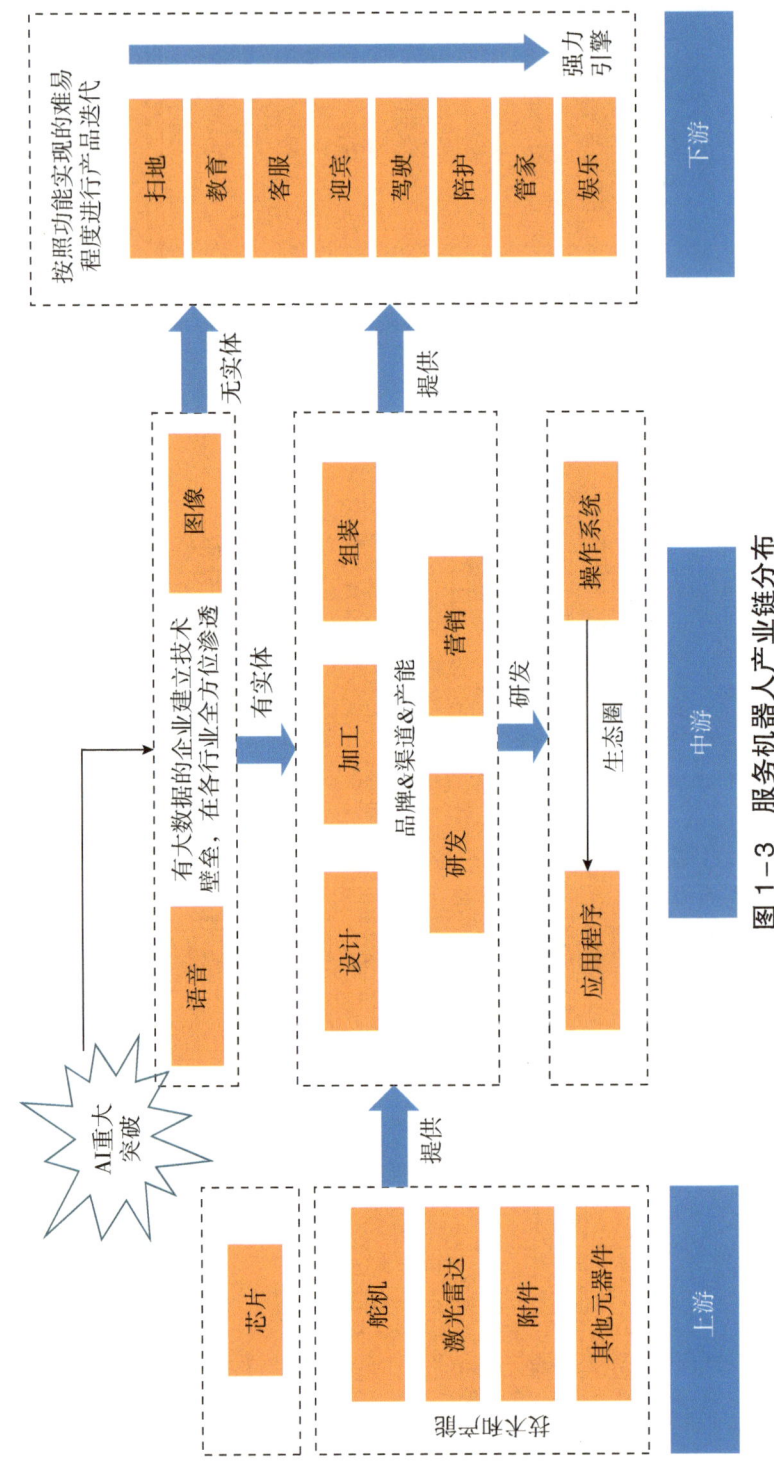

图1-3 服务机器人产业链分布

1.2 产业链重点环节价值分析

1.2.1 产业链上游

机器人核心零部件主要包括精密减速器、伺服系统、控制器等。精密减速器是连接动力源和执行机构的中间装置，具有匹配转速和传递转矩的作用。伺服系统在自动控制系统中，用作执行元件，把所收到的电信号转换成电动机轴上的角位移或角速度输出。机器人每个关节运动均需靠伺服电机驱动，以实现多自由度的运动。控制器是机器人的大脑，对机器人的性能起着决定性的作用。工业机器人控制器主要控制机器人在工作空间中的运动位置、姿态和轨迹，以及操作顺序、动作的时间等。以工业机器人为例，核心零部件占据了工业机器人整机70%左右的成本，其中精密减速器约占整机成本的35%，伺服系统约占整机成本的25%，控制器约占整机成本的10%。

1. 伺服系统

在工业机器人伺服系统中，电机方面主要采用永磁同步交流伺服电机，伺服驱动主要以总线通信形式实现对位置、速度和转矩单元的控制，编码器方面主要采用多圈绝对值编码器。伺服系统市场规模近300亿元，由工业自动化驱动保持高速增长。根据中商产业研究院统计，2017—2021年中国伺服系统市场规模由97亿元上升至224亿元，复合年均增长率为23.3%，增速较快（图1-4）。根据高工产业研究院（GGII）的数据，2014—2018年，工业机器人用伺服系统的市场规模从10.0亿元增至21.5亿元，预计到2023年，工业机器人用伺服系统市场规模将达到41.0亿元。

图1-4　中国伺服系统市场规模

（资料来源：中商产业研究院、国盛证券研究所）

2. 控制系统

控制系统是机器人的神经系统，用于控制伺服驱动系统完成对应运动。在机器人中，控制系统根据指令及传感信息，向驱动系统发出指令，控制其完成规定的运动。控制系统主要由控制器（硬件）和控制算法（软件）组成。受益于过去中国工业机器人行业的快速发展，工业机器人产业链日益成熟，中国在机器人控制系统软硬件方面的开发实力不断增强，市场快速扩张。根据中商产业研究院数据，中国工业机器人用控制器市场规模由2017年的10.5亿元上升至2021年的14.7亿元，复合年均增长率为8.8%，预计到2022年，中国工业机器人用控制器市场规模有望达到16.2亿元（图1-5）。

---

① "E"表示预期值。

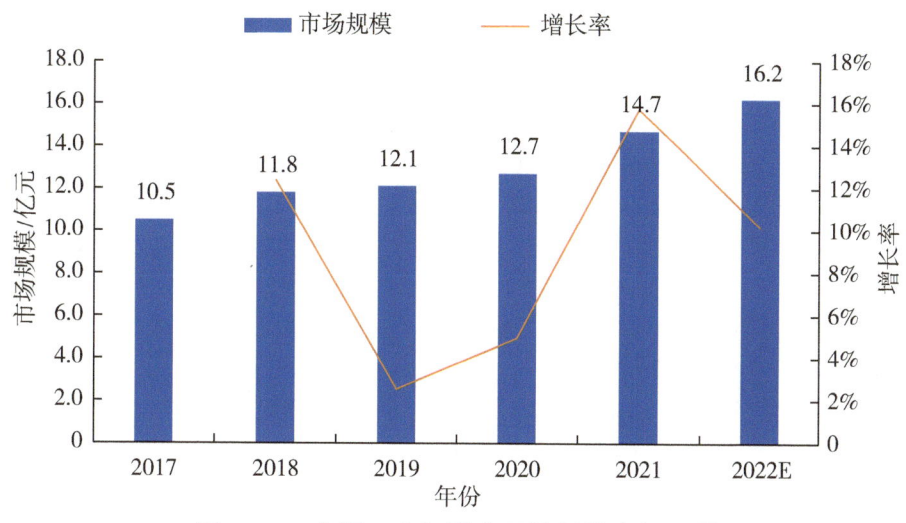

图 1-5 中国工业机器人用控制器市场规模

（资料来源：中商产业研究院、国盛证券研究所）

3. 精密减速器

精密减速器是机器人生产过程中技术壁垒最高的零部件。机器人每个关节运动均需靠伺服电机驱动，伺服电机具有输出转速大、输出扭矩小的特点；而关节结构实际上的需求是输出转速小、输出扭矩大，所以现有伺服电机的输出不能满足终端机械本体的运动需求，就需要精密减速器这一零部件进行减速增矩。精密减速器是连接伺服电机和执行机构的中间装置，通过齿轮啮合将伺服电机的动力传递到执行机构上，起到匹配转速和传递转矩的作用。根据高工产业研究院（GGII）的数据，2021年中国工业机器人精密减速器总需求量为93.1万台，同比增长78.4%。其中，存量需求为82.4万台，同比增长95.3%；增量需求为10.7万台，同比增长7.0%（图1-6）。精密减速器主要包括谐波减速器与RV减速器，但其工作原理和应用场景存在较大区别。

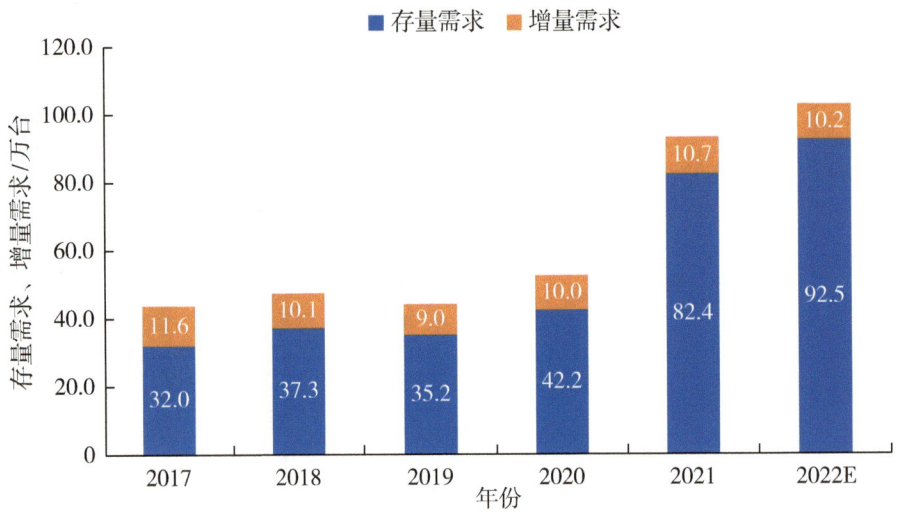

图1-6 中国工业机器人精密减速器需求量
（资料来源：高工产业研究院、国盛证券研究所）

谐波减速器主要应用于工业机器人、服务机器人、机械臂、纸箱包装机械、医疗机械、测量/分析/试验机器、大型望远镜、电缆制造设备精密包装机械、气象设备、高级仪器仪表、光学制造设备、半导体制造装置、晶体制造设备、FPD制造装置、通信装置、航空航天机械、数控机床、雷达多种卫星地面接收设备等精密传动系统。此外，考虑到前期市场主要以工业机器人为主导，未来几年数控机床等领域对谐波减速器的用量也会加大，长期看谐波减速器市场规模有望持续增长，预计2025年市场规模有望超过30亿元（图1-7）。

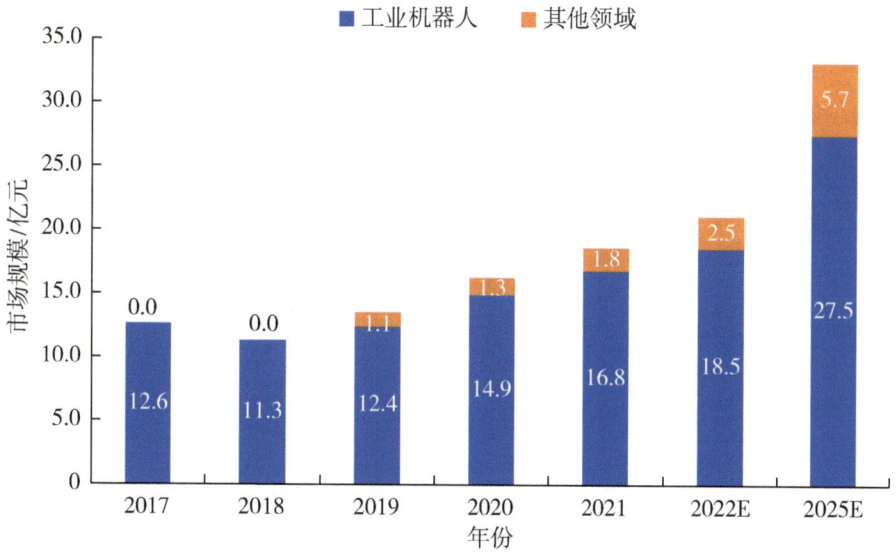

图 1-7 中国谐波减速器市场规模

（资料来源：高工产业研究院、国盛证券研究所）

考虑 RV 减速器使用期间作为传动、承重部件，磨损不可避免，其使用寿命通常在 4～5 年，伴随工业机器人市场规模增长，存量替换需求同步提升，RV 减速器市场规模有望持续增长，根据全球移动机器人市场的领导者（MIR）数据，2021 年国内 RV 减速器市场规模达 42.95 亿元，预计 2025 年中国 RV 减速器市场规模达 65.53 亿元（图 1-8）。从市场份额看，由于 RV 减速器构型复杂，长期以来全球市场格局高度集中，日本纳博特斯克占据全球 70% 以上的市场份额。目前，国内 RV 减速器企业大多以 C 型、E 型减速器为主，其结构、原理与日本减速器类似，但精度、寿命、传动效率等核心指标均落后于日本减速器，无法在中高端减速器市场上与日本减速器形成竞争。据不完全数据估算，2021 年国产 RV 减速器销量约 20 万台，其中振康、双环、秦川的 RV 减速器销量约 10 万台。

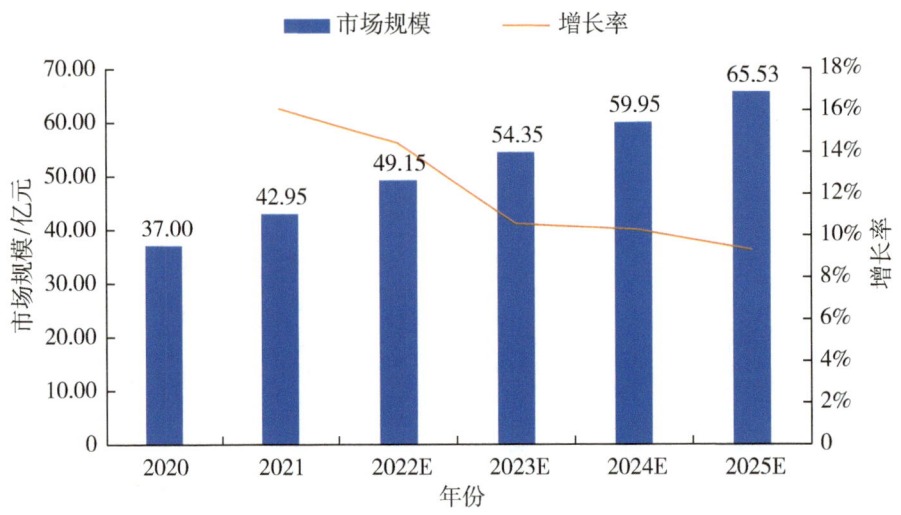

图 1-8　中国 RV 减速器市场规模

（资料来源：MIR、国盛证券研究所）

4. 人工智能芯片

全球人工智能芯片市场发展迅速，2020 年全球人工智能芯片市场规模达 101 亿美元，同比增长 53.03%，预计到 2025 年有望突破 700 亿美元，2020—2025 年复合年均增长率约为 48.4%。以数字信号处理（DSP）芯片为例，2020 年国内 DSP 芯片市场规模达到 136.92 亿元，需求量达到 34.15 亿颗（图 1-9）。而国内 DSP 芯片产量 2020 年仅为 0.91 亿颗，国产化率不足 3%。预计至 2025 年，我国 DSP 芯片市场规模将达到 190 亿元，需求量将达到 47 亿颗。

图 1-9 中国 DSP 芯片市场规模及需求量

（资料来源：华经情报网、智研咨询、华西证券研究所）

5. 传感器

根据市场研究公司 Global Market Insights 最近的一项研究，机器人和自动化在过去几年已经成为现代制造业不可或缺的一部分。绝大多数制造商都在生产设施中集成机器人系统，以提升产能、提高利润率并降低运营成本。这些趋势产生了对机器人组件的大量需求，包括 3D 视觉、扭矩和触觉等机器人传感器。据估计，到 2026 年，全球机器人传感器市场的价值将超过 40 亿美元。人工智能和物联网的集成预计将显著扩大这些传感器的应用范围，特别是在生产活动中。

6. 机器视觉

机器视觉技术模拟人眼完成物体检测、判断、反馈控制等工作，是人形机器人的核心技术支撑之一。机器视觉包含了计算机科学、图像处理、模式识别、深度学习、传感器等多领域科学技术。机器视觉技术广泛应用于汽车、物流运输、制造、机器人等行业。随着全球制造中心向中国转移，中国已成为国际机器视觉厂商的重要目标市场。2021年，国内3C、新能源、快递物流等行业的蓬勃发展拉动了机器视觉需求，据GGII数据，2021年中国机器视觉市场规模达到138.16亿元，同比增长46.79%，2025年我国机器视觉市场规模预计将达到349.03亿元（图1-10）。

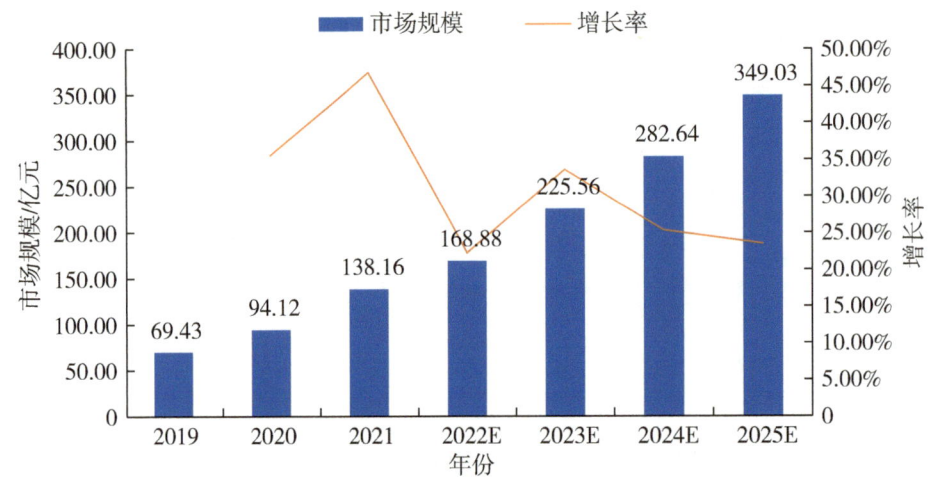

图1-10　中国机器视觉市场规模

（资料来源：互联网数据资讯网）

1.2.2　产业链中游

1. 工业机器人

工业机器人是面向工业领域的多关节机械手或多自由度的机器装置，它能自动执行工作，是靠自身动力和控制能力来实现各种功能的一种机器。它能够接受人类指挥，也可以按照预先编排的程序运行，在汽车、电子、金属制品、塑料及化工产品等行业已经得到了广泛应用。例如，在汽车制造领域，工业机器人能够高效地完成各种复杂的焊接、装配和检测等工作。随着人工智能技术的不断发展，未来工业机器人的应用领域将会更加广泛，功能也会更加丰富和智能。新冠疫情的蔓延加快各行业的数字化转型进程，机器人成为企业实现快速复工复产的重要工具。随着市场需求的持续释放及工业机器人的进一步普及，工业机器人市场规模将持续增加，2024年有望达到230亿美元。

2. 服务机器人

与工业应用中使用的传统机器人不同，服务机器人主要用于支持人们的日常生活，作为一种宽泛的定义，其涵盖了广泛的机器人类型，包括配送和物流机器人、清洁和消毒机器人、社交机器人、农业机器人、厨房和餐厅机器人及水下机器人等。疫情催生了对专业服务应用的新需求，形成初具规模的行业新兴增长点。抗疫系列机器人成为疫情防控的新生力量，"无接触"配送已成为新焦点，服务机器人应用场景和服务模式正在不断拓展，推动市场规模逆势增长。

3. 特种机器人

特种机器人通常是高度智能化的控制系统和复杂的机械结构，能够完成各种复杂的特种任务，可应用于工业制造、医疗护理、航空航天、公共服务等领域。在工业制造领域，特种机器人可以用于生产线上一些繁重、危险或精密的任务，提高生产效率和产品质量。在医疗护理领域，手术机器人、康复机器人等特种机器人可以大大提高医疗水平和效率，减轻医护人员的工作负担。在航空航天领域，特种机器人可以完成空间探索、卫星维修等高风险、高难度的任务。在公共服务领域，特种机器人可以提供各种服务，如交通疏导、餐饮配送、安全监控等。

1.2.3 产业链下游

1. 汽车行业

国际上工业机器人技术在制造业的应用范围越来越广阔，现已从传统制造业推广到其他制造业，进而推广到诸如采矿、建筑、农业、灾难救援等各种非制造行业。但汽车工业仍是工业机器人的主要应用领域。据了解，美国 60% 的工业机器人用于汽车生产；全世界用于汽车工业的工业机器人已经达到总用量的 37%，用于汽车零部件的工业机器人约占 24%。目前，50% 以上的工业机器人应用于汽车制造领域，主要应用在弧焊、点焊、装配、搬运、喷漆、检测、码垛、研磨抛光和激光加工等复杂作业。随着现代汽车工业的发展，对机器人的需求也会越来越大，机器人在汽车制造业中所起到的作用也会更加重要。

2. 3C 行业

3C 行业涉及计算机、通信和消费电子三大产品领域。目前，在 3C 行业应用的机器人主要有焊接机器人、移动机器人、装配机器人等。其中，焊接机器人主要负责电子电气机械的焊接工作，目前点焊机器人应用较多；移动机器人主要应用于柔性搬运、传输等方面；装配机器人因其精度高，而且柔顺性好，主要用于电子电气产品及其组件的装配。根据《"十四五"机器人产业发展规划》目标，到 2025 年，制造业机器人密度实现翻番。我们根据当前我国工业机器人密度对未来 5 年我国机器人销量进行了预测，根据国际机器人联合会（IFR）数据，2020 年，中国工业机器人密度为 246 台/万人，新增销量约为 16.8 万台，假设复合年均增长率为 12%，3C 行业工业机器人占比为 30%，预计到 2025 年，中国 3C 行业机器人市场规模约为 90.3 亿元（图 1–11）。

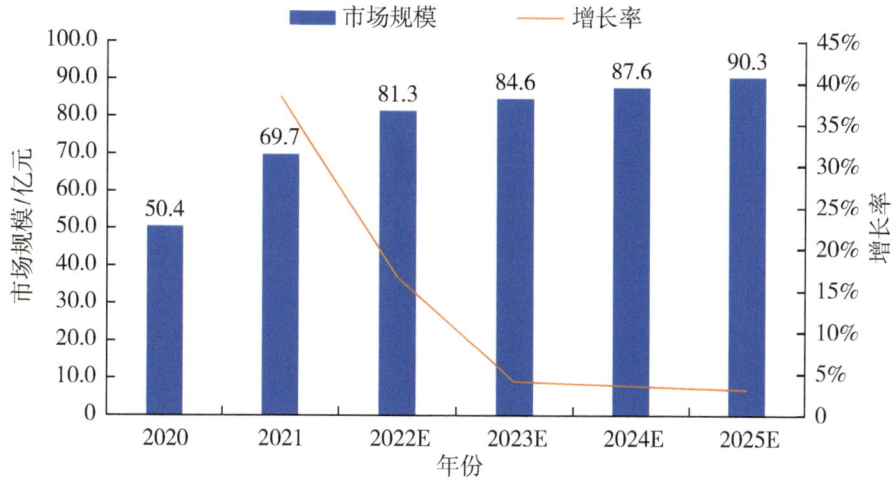

图 1-11　中国 3C 行业机器人市场规模

（资料来源：国际机器人联合会、中泰证券研究所）

3. 物流行业

移动机器人已经商业化，且进入快速扩张期，智能移动机器人产品快速发展，吸引龙头企业深入布局。中国相较于全球市场拥有更大的增长潜力，增长潜力在于制造及仓储场景领域。同时，以 AGV 和 AMR 为代表的移动机器人进入爆发期，AGV 指自动导引运输车，是基于导航技术的自动驾驶运输车辆；AMR 指自动运输机器人，目前最先进的 AMR 可以自主识别周围环境，并可根据传感器进行定位，绕开障碍物，达到终点。AGV 和 AMR 处于共同发展的态势，在一些细分领域 AMR 会逐步取代 AGV，对于更加强调柔性与协作属性的应用场景，AMR 具备天然优势。据恒州博智报告数据，受新冠疫情等影响，2021年全球移动机器人市场规模大约为 269 亿元，预计 2028 年将达到 581 亿元，2022—2028 年复合年均增长率（CAGR）约为 10.6%（图 1-12）。

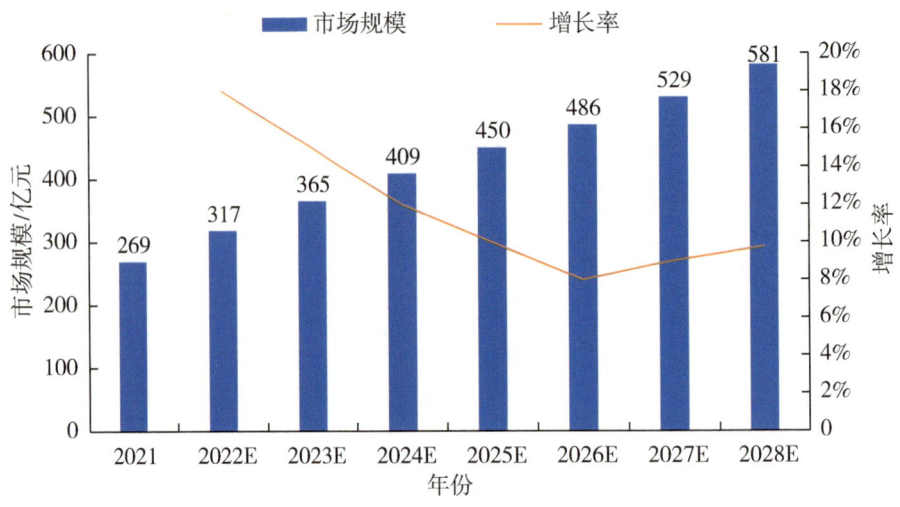

图1-12 全球移动机器人市场规模

（资料来源：恒州博智）

4. 医疗行业

随着人口老龄化加剧，医疗机器人的应用需求逐渐增加，多种不同功能的医疗机器人均已得到应用。从市场规模来看，当前我国医疗机器人装机分布主要集中在三级甲等综合性医院等部分公立医院，市场普及率处在较低水平，市场规模仅占全球医疗机器人市场规模的5%左右（图1-13）。此外，根据国际机器人联合会（IFR）分类，医疗机器人具体可分为手术机器人、康复机器人、辅助机器人及医疗服务机器人四大类。

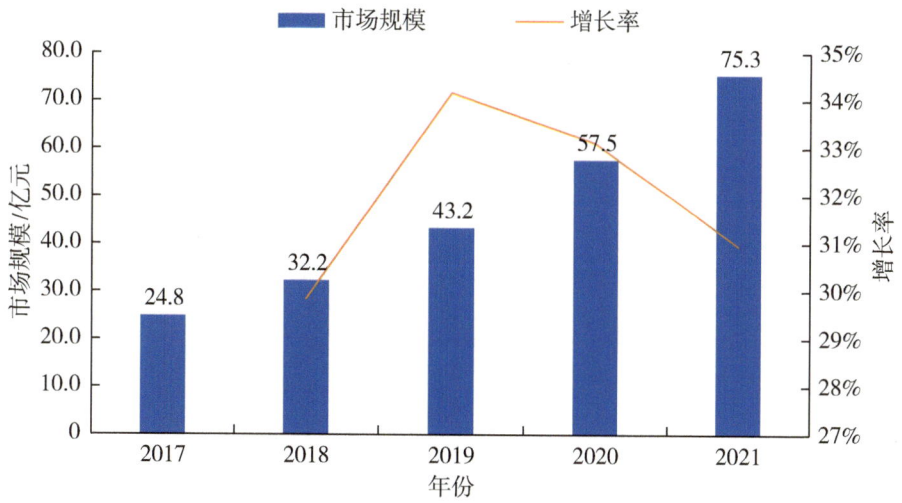

图 1-13 中国医疗机器人市场规模

（资料来源：中商产业研究院、华西证券研究所）

第二章
全球智能机器人产业发展概况

当前，新一代信息技术、生物技术、新能源技术、新材料技术等与机器人技术加快融合，机器人产业发展日新月异，新技术、新产品、新应用层出不穷，新生态加速构建，为推动全球经济发展、造福人类提供更好的服务。新冠疫情期间，各行业使用机器人的意愿进一步提升，全球智能机器人产业发展按下"快进键"，机器人产业迎来升级换代、跨越发展的窗口期。2021年，全球智能机器人市场规模持续扩大，工业机器人市场强劲反弹，安装量创下历史新高，服务机器人和特种机器人持续高速发展、创新活跃，有力促进全球经济的回暖。

2.1 全球智能机器人产业概况

在千行百业数字化转型的巨大需求牵引之下，全球机器人行业创新机构与企业围绕技术研发和场景开发不断探索，汽车制造、电子制造、仓储运输、医疗康复、应急救援等领域的应用不断深入拓展，全球智能机器人产业持续蓬勃发展。

2.1.1 产业发展规模

1. 工业机器人：市场规模创下历史新高

近年来，工业机器人在汽车、电子、金属制品、塑料及化工产品等行业已经得到了广泛的应用。受全球疫情，以及销售周期性变化、饱和度等因素影响，2020年全球工业机器人市场出现较大程度下滑，随着疫情逐渐得到控制，全球经济开始复苏，2021年全球工业机器人市场规模较2020年有所提升。据IFR发布的数据，受制造业自动化改造需求影响，2020年中国、日本、美国、韩国、德国等主要国家工业机器人装机量合计超过全球的72.9%。2021年全球工业机器人销售额达到144.9亿美元，其中亚洲、欧洲、北美及其他地区销售额分别为95.6、25.8、16.7、6.8亿美元，占比分别为66.0%、17.8%、11.5%、4.7%。IFR统计数据显示，2021年，全球工业机器人市场强劲反弹，市场规模为175亿美元，超过2018年达到的历史最高值165亿美元，安装量创下历史新高，达到48.7万台，同比增长27%。预计至2022年，工业机器人市场规模将进一步增长，达到195亿美元。随着市场需求的持续释放及工业机器人的进一步普及，工业机器人市场规模将持续增长，2024年有望达到230亿美元（图2-1）。

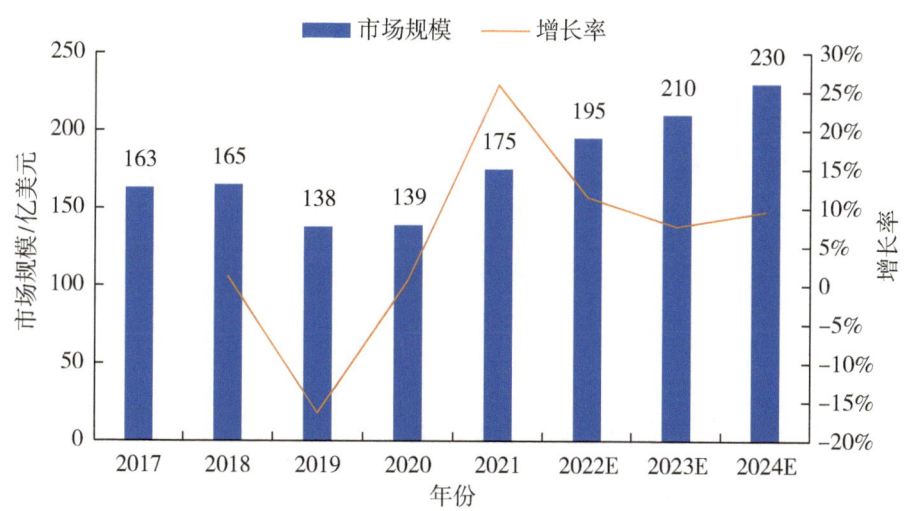

图2-1 2017—2024年全球工业机器人市场规模

（数据来源：IFR、中国电子学会）

2. 服务机器人：疫情孕育新的发展机遇

当前，以深度学习、知识图谱为代表的新一代人工智能技术已经逐渐在基建、商业、民生、社会服务等领域得到广泛应用。服务机器人充分融合了计算机视觉、语音识别、自然语言处理、知识图谱等人工智能技术，智能化水平显著提升。根据中国电子学会及 IFR 数据，2016 年以来，全球服务机器人市场规模复合年均增长率达 23.8%，2021 年市场规模为 172 亿美元，预计 2022 年，全球服务机器人市场规模将达到 217 亿美元，2024 年，全球服务机器人市场规模有望增长到 290 亿美元（图 2-2）。

图 2-2　2017—2024 年全球服务机器人市场规模

（数据来源：IFR、中国电子学会）

3. 特种机器人：新兴领域探索持续推进

近年来，全球特种机器人整机性能持续提升，在极端环境、危险作业等场景下的操作能力大幅增强，促进太空探测、深海探索、应急救援等应用领域的快速发展。随着特种机器人可以部分，甚至全部替代人工作业，其在安全性、时效性、保质性等方面可以有效满足需求。此外，近年来激光传感器、低速无人驾驶、卫星遥感、5G 等技术快速发展和应用，也显著提升了特种机器人的性能。2016 年以来，全球特种机器人市场规模复合年均增长率达 17.8%，根据中国电子学会及 IFR 数据，2017 年以来，全球特种机器人市场规模复合年均增长率达到 21.7%，2021 年全球特种机器人市场规模约为 82 亿美元，预计 2022 年全球特种机器人市场规模将超过 100 亿美元，2023 年全球特种机器人市场规模将达到 120 亿美元，2024 年全球特种机器人市场规模有望达到 140 亿美元（图 2-3）。

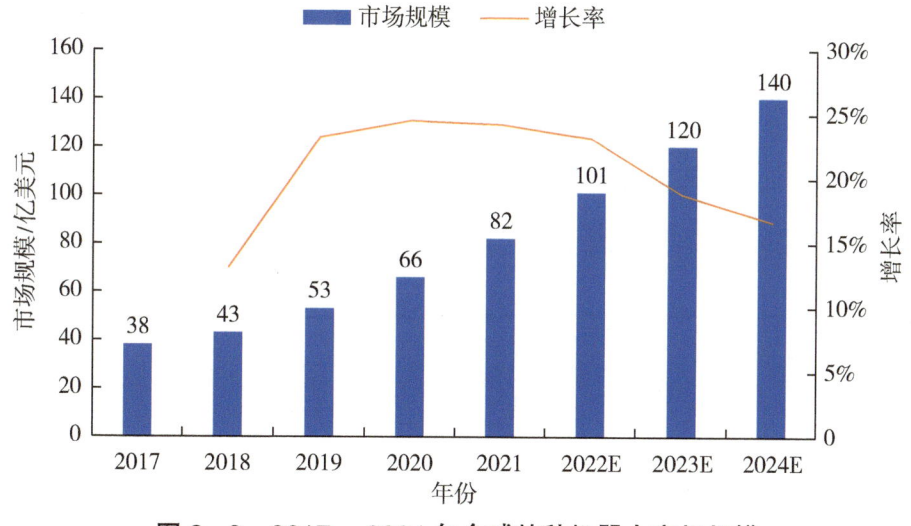

图 2-3　2017—2024 年全球特种机器人市场规模

（数据来源：IFR、中国电子学会）

2.1.2　产业分布概况

在全球机器人技术与产业版图中，传统上存在着日、美、欧三足鼎立的格局。日本在机器人方面有着深厚的工业基础，尤其在控制机器人精密动作的伺服电机技术和产业方面，日本的安川、发那科等企业都是其中的佼佼者。此外，日本在仿生机器人，尤其是人形机器人的研究和开发方面也有所领先。美国在机器人产业方面，更注重人工智能技术的结合，其优势在于"软"的方面，依托波士顿动力、IBM、微软、谷歌、苹果、脸书等众多软件与互联网巨头，美国在机器人产业方面有着不可撼动的地位。欧盟中的德国、法国、瑞士等国家都是老牌的工业强国，基于它们在机械与电子领域的扎实基础，欧盟国家的机器人产业底蕴极深。

1. 全球主要区域工业机器人密度分析

据 IFR 最新统计报告披露，2021 年全球平均工业机器人密度为 141 台/万人。随着近年来工业机器人产量的增加，亚洲地区的平均工业机器人密度增长到 156 台/万人，2016—2021 年的复合年均增长率为 18%；欧洲地区的平均工业机器人密度为 129 台/万人，2016—2021 年的复合年均增长率为 8%。2021 年，工业机器人密度最大的是韩国，为 1000 台/万人，中国为 322 台/万人，首次超过美国，新加坡、日本和德国工业机器人密度均排在中国之前（图 2-4）。

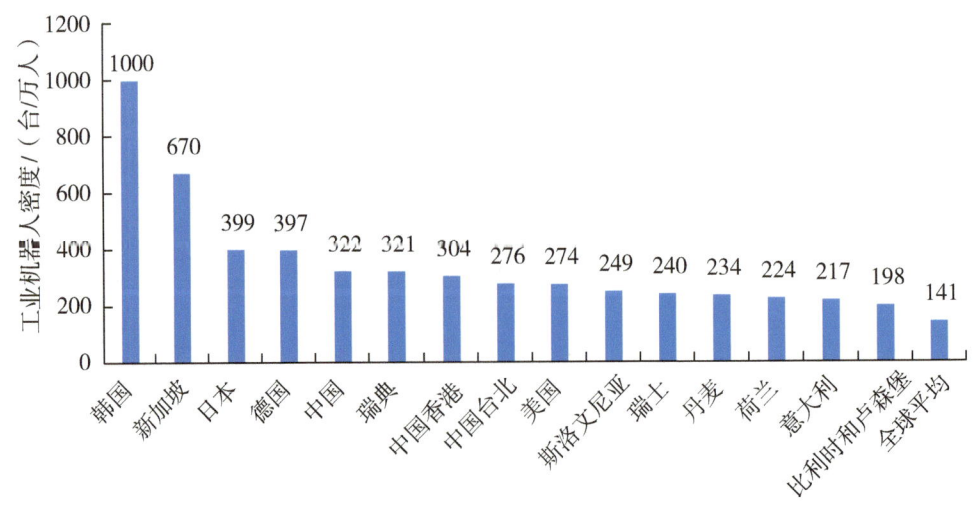

图 2-4　2021 年全球主要国家或地区工业机器人密度情况

（数据来源：IFR）

2. 全球智能机器人供给商区域分布分析

在机器人领域，目前发展处于前列的国家中，欧美以美国、德国和法国为代表，亚洲以中国、日本和韩国为代表。根据IFR、前瞻产业研究院数据，2021年全球智能机器人供给商中欧洲机器人供给商约占全球总数的49%，美洲机器人供给商约占全球总数的29%，欧美机器人供给商合计约占全球总数的78%（图2-5）。

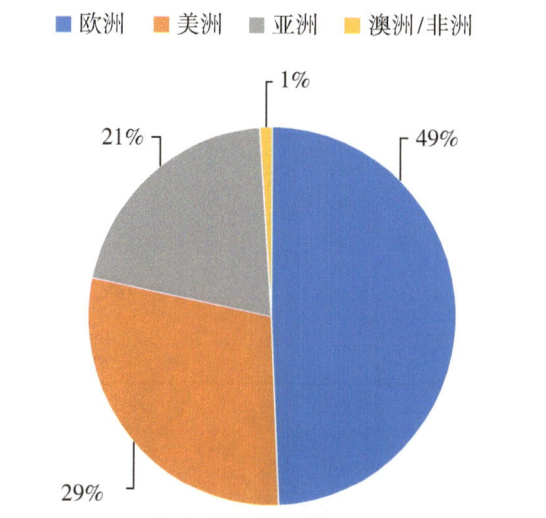

图2-5　2021年全球智能机器人供给商区域分布

（数据来源：IFR、前瞻产业研究院）

2.1.3　领导厂商分布概况

全球智能机器人领导厂商主要集中在美国、德国、日本和中国等国家。智能机器人领导厂商包括美国直觉外科（Intuitive Surgical）、美国波士顿动力（Boston Dynamics）、美国iRobot、德国库卡（KUKA）、日本发那科（FANUC）、日本安川（Yaskawa）、日本爱普生（EPSON）、瑞士ABB、意大利柯马、中国埃斯顿（Estun）、中国石头科技等，它们在行内享有较高知名度（图2-6、表2-1）。

图 2-6 全球智能机器人领导厂商分布

德国 -KUKA 等
- KUKA：是全球世界领先的工业机器人制造商之一。库卡工业机器人公司用于物料搬运、加工、点焊和弧焊、涂胶和自动化、金属加工、食品和塑料等行业。库卡工业机器人的用户包括通用汽车、克莱斯勒、福特、保时捷、宝马、奥迪、奔驰、大众、法拉利、一汽大众、波音、西门子、宜家、施华洛世奇、沃尔玛、百威啤酒、BSN Medical、可口可乐等

瑞士 -ABB 等
- ABB：是全球电气产品、机器人及运动控制、工业自动化和工业网领域的技术领导企业。致力于开创电力、工业、交通和基础设施数字化等行业客户携手协作。基于超过130年的创新历史，ABB技术全面覆盖发电厂、电力和工业自动化价值链，应用于从发电端到用电端、从自然资源提取到工业成品的工业各种场景，诸多行业远景开拓工业化的未来

意大利 -柯马 等
- 柯马：隶属于菲亚特集团，总部位于意大利都灵，为汽车、飞机制造、重工业、面板维护服务，飞机能源等行业提供工业自动化系统和全面的解决方案。无其擅长生产弧焊接机器人、柯马机器人多用于电弧焊、点焊、搬运、码垛、密封、胶合、塑料及远程激光切割等领域

中国 -埃斯顿、石头科技等
- 埃斯顿：是中国最早自主研发交流伺服系统、变频器、人机触摸屏、视觉产品和运动控制系统，以及以Trio控制系统为核心的运动控制和智能一体化解决方案的工业自动化系列产品线包括全系列交流伺服系统、变频器、PLC、触摸屏、视觉产品和运动控制系统，以及以Trio控制系统为核心的运动控制和智能一体化单元产品，为客户提供单轴-单机-单元-生产线的个性自动化解决方案
- 石头科技：是北京石头世纪科技股份有限公司旗下品牌，是一家专注于自主技术创新的智能硬件厂商，石头科技已经推出了自有品牌"石头"扫地机器人、小瓦智能扫地机器人、石头无线手持吸尘器和米家手持无线吸尘器米家扫地机器人等产品。此外，石头科技为小米研发生产了米家智能双倍洗涤地拖一体机、米家手持无线吸尘器产品

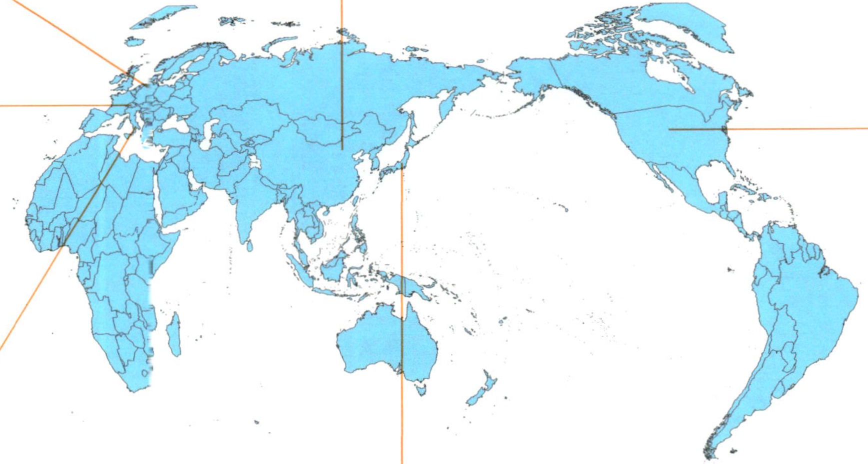

美国 -Intuitive Surgical, iRobot, Boston Dynamics 等
- Intuitive Surgical：自行设计、生产及销售达芬奇手术系统，这套全自动手术系统可以极大程度地解放外科医生，通过微控操作和视觉成像等多种新技术最大程度地减少病患痛苦，降低失败概率
- iRobot：全球家用机器人领域的第一家上市公司，以Roomba系列为大众熟知，市场覆盖北美、欧洲、中东，以及亚洲等地，全球市场占有率超过60%
- Boston Dynamics：致力于开发能走能跑，能运东西的机器人，波士顿动力过去开发出来令人印象深刻的机器人，包括双足人形机器人"Atlas"，四足机器大狗"AlphaDog"，"Spot"等

日本 -FANUC、Yaskawa、EPSON 等
- FANUC：致力于机器人技术上的领先与创新，是世界上唯一一家由机器人来制造机器人的公司，是世界上唯一提供集成视觉系统的机器人和世界上唯一提供智能机器人的公司
- Yaskawa：是运动控制工程四大事业领域专业化企业。安川电机以驱动控制、运动控制、机器人和系统工程为主业，为工业和社会的持续发展贡献力量。安川先生通过原创的"省、小、精技术"和"数字技术"，致力于开创一个伟大、物与信息互联的可持续发展社会
- EPSON：是日本的一家数码影像领域领先与创新的企业。爱普生通过原创的可持续发展社会

表 2-1 全球智能机器人领导厂商概况

序号	厂商名称	所属国家	成立时间	简介
1	波士顿动力（Boston Dynamics）	美国	1992 年	Boston Dynamics 致力于开发能走能跑能运东西的机器人。波士顿动力过去开发出不少令人印象深刻的机器人，包括双足人形机器人"Atlas"、四足机器大狗"AlphaDog""Spot"等；也试过结合机械手臂，打造缩小版机器人"SpotMini"
2	直觉外科（Intuitive Surgical）	美国	1995 年	Intuitive Surgical 自行设计、生产及销售达芬奇手术系统。这套全自动手术系统可以极大程度地解放外科医生，通过微控操作和视觉成像等多种新技术可以最大程度地减少病患痛苦，降低失败概率。2000 年 7 月 11 日，美国食品药品监督管理局（FDA）批准了达芬奇手术系统，使其成为美国第一个可在手术室使用的机器人系统
3	爱德普（Adept）	美国	1983 年	Adept 是一家领先的提供智能引导机器人系统和服务的厂商，是美国最大的工业机器人制造商之一，是第一家将视觉引导技术与传送带跟踪技术全面集成的工业机器人公司。爱德普机器人被应用于高效、精密的制造业、包装业和工厂自动化行业。其三大业务方向：精密装配、移动机器人和高速包装
4	iRobot	美国	1990 年	作为全球家用清洁机器人领域的第一家上市公司，iRobot 以其畅销产品——扫地机器人 Roomba 系列为大众熟知。市场覆盖北美、欧洲、中东及亚洲等地，全球市场占有率超过 60%。iRobot 还发明各种类型军用、警用、救难、侦测机器人，轻巧实用，被军方、警方、救难单位用于各种不同场合
5	发那科（FANUC）	日本	1956 年	FANUC 是日本一家专门研究数控系统的公司，是世界上最大的专业数控系统生产厂商，占据了全球 70% 的市场份额。FANUC 致力于机器人技术上的领先与创新，是世界上唯一一家由机器人来制造机器人的公司，是世界上唯一提供集成视觉系统的机器人企业，也是世界上唯一一家既提供智能机器人又提供智能机器的公司

续表

序号	厂商名称	所属国家	成立时间	简介
6	安川（Yaskawa）	日本	1915年	安川是运动控制领域专业的生产厂商，产品有大功率普通电动机、伺服电机及变频器等。安川电机以驱动控制、运动控制、机器人和系统工程四大事业为轴心，为工业和社会的发展做贡献。安川是日本第一个做伺服电机的公司，其产品以稳定、快速著称。将电子技术应用于机械控制，谋求高性能化的机电一体化技术，今天在各类工业自动化、效率化方面发挥着巨大的作用
7	川崎机器人（Kawasaki）	日本	1878年	川崎重工从1969年开始生产第一台日本国产的工业机器人。作为工业机器人制造商中的先驱者，基于在过去50多年的历史中所积累的技术和经验，面向汽车、电机、电子等各行业，开发并供应包括焊接、组装与搬运、涂装、码垛等用途的高质量、高性能的川崎机器人
8	爱普生（EPSON）	日本	1942年	爱普生是日本的一家数码影像领域的全球领先企业。爱普生通过原创的"省、小、精技术"和"数字技术"，致力于共同创建一个将人、物与信息互联的可持续发展社会，让世界变得更加和谐美好。在办公和家庭打印、商业和工业打印、制造、视觉、生活方式等领域持续创新
9	那智不二越（NACHI）	日本	1928年	日本那智不二越以"为制造业的发展而做贡献"为经营理念，拥有机械工具、功能零部件、材料等三大机械制造事业部，经过几十年的发展，不断结合各种核心技术来促进研究与开发，公司主要产品有切削刀具、机床、轴承、液压设备、自动化生产用机器人、特种钢、面向IT产业的超精密机械及其环境系统
10	库卡（KUKA）	德国	1898年	库卡是世界领先的工业机器人制造商之一，库卡机器人可用于物料搬运、加工、堆垛、点焊和弧焊，涉及自动化、金属加工、食品和塑料等行业。库卡工业机器人的用户包括通用汽车、克莱斯勒、福特、保时捷、宝马、奥迪、奔驰、大众、法拉利、哈雷戴维森、一汽-大众、波音、西门子、宜家、施华洛世奇、沃尔玛、百威啤酒、BSN Medical、可口可乐等

续表

序号	厂商名称	所属国家	成立时间	简介
11	ABB	瑞士	由两家百年企业1988年合并而成	ABB是全球电气产品、机器人及运动控制、工业自动化和电网领域的技术领导企业,致力于帮助电力、工业、交通和基础设施等行业客户提高业绩。基于超过130年的创新历史,ABB技术全面覆盖电力和工业自动化价值链,应用于从发电端到用电端、从自然资源开采到产成品完工的各种场景,谱写行业数字化的未来
12	戴森（dyson）	英国	1983年	戴森是英国一家专门从事家电产品生产和研发的国际公司,在全球首创了"无叶风扇"产品。随着国内用户对家电的消费升级,高端电器品牌戴森逐渐被国人熟知。戴森吸尘器实力顶尖,无线吸尘器成为诸多家庭的首选。比起吸尘器,戴森的扫地机器人就低调很多,至今只更新至第二代360 Heurist,其身上有不少戴森吸尘器的影子,造型同样充满科技感
13	Aldebaran Robotics	法国	2005年	Aldebaran Robotics致力于研发和推广人形机器人伙伴。Aldebaran Robotics发明的NAO目前是全世界学术领域运用最广泛的机器人,可通过学习身体语言和表情来推断出人的情感变化,并且随着时间的推移能够"认识"更多的人,并能够分辨这些人不同的行为及面孔,其主要作为教学工具被全球50个国家的1000所顶级高校和实验室购买、使用
14	现代重工（HYUN-DAI）	韩国	1938年	现代重工作为世界级的综合型重工企业,1984年正式进入工业机器人领域并以交钥匙的形式,向全世界用户提供自动化和机器人系统的项目服务。现代重工的机器人系统产品涵盖焊接机器人系统、搬运机器人系统、装配机器人系统、码垛机器人系统、LCD搬运机器人系统、医疗机器人系统等。公司提供从设计、制造、项目管理、测试、调试到售后服务完整的一站式服务
15	柯马	意大利	1976年	柯马隶属于菲亚特集团,总部位于意大利都灵,为汽车、飞机制造、重工业、一般工业、能源等行业提供工业自动化系统和全面维护服务,尤其擅长生产焊接机器人。柯马机器人多用于电焊、弧焊、冲压车间自动化、铸造、搬运、码垛、密封、黏合、塑料及远程激光焊接等领域

续表

序号	厂商名称	所属国家	成立时间	简介
16	埃斯顿（Estun）	中国	1993年	埃斯顿作为中国最早自主研发交流伺服系统的公司，工业自动化系列产品线包括全系列交流伺服系统、变频器、PLC、触摸屏、视觉产品和运动控制系统，以及以Trio控制系统为核心的运动控制和机器人一体化智能单元产品，为客户提供单轴—单机—单元的个性自动化解决方案
17	新松机器人	中国	2000年	新松机器人隶属于中国科学院，是一家以机器人技术为核心，致力于生产智能产品及提供服务的高科技上市企业，是全球机器人产品线最全的厂商之一。公司机器人产品线覆盖工业机器人、洁净（真空）机器人、移动机器人、特种机器人及智能服务机器人五大系列。工业机器人产品填补国内多项空白，洁净（真空）机器人产品多次打破国外技术垄断与封锁，大量替代进口，移动机器人产品综合竞争水平国际领先，特种机器人产品在国防领域得到批量化应用，智能服务机器人产品主要涉及医疗健康、智能讲解、送餐服务等
18	埃夫特	中国	2007年	埃夫特是国内产销规模最大的工业机器人厂商之一，依托"自主创新"和"海外并购"双轮驱动，继成功收购意大利喷涂机器人企业CMA、意大利金属加工和表面处理领域系统集成商EVOLUT，以及投资意大利运动控制领域机器人核心部件生产商ROBOX之后，又成功收购了意大利汽车装备与机器人系统集成商W.F.C集团。通过兼并引进和吸收国际工业自动化领域的先进技术和经验，埃夫特已经形成从机器人核心零部件到机器人整机再到机器人高端系统集成领域的全产业链协同发展格局
19	科沃斯	中国	1998年	科沃斯是家庭服务机器人专业智造者，创造了地面清洁机器人地宝、自动擦窗机器人窗宝、空气净化机器人沁宝、机器人管家亲宝，专业从事家庭服务机器人的研发、设计、制造和销售。自2017年以来，中国市场逐渐成为扫地机器人第一市场，其中科沃斯销量最高

续表

序号	厂商名称	所属国家	成立时间	简介
20	石头科技	中国	2014 年	石头科技是北京石头世纪科技股份有限公司旗下品牌，是一家专注于技术创新的智能硬件厂商，石头科技已经推出了自有品牌产品石头智能扫地机器人、石头自清洁扫拖机器人、小瓦智能扫地机器人、石头无线手持吸尘器和石头智能双刷洗地机。此外，石头科技为小米研发生产了米家扫地机器人、米家扫地机器人 1S 和米家手持无线吸尘器产品
21	汇川技术	中国	2003 年	汇川技术创立于 2003 年，公司聚焦工业领域的自动化、数字化、智能化，专注"信息层、控制层、驱动层、执行层、传感层"核心技术。专注于工业自动化控制产品的研发、生产和销售，定位于服务中高端设备制造商，以拥有自主知识产权的工业自动化控制技术为基础，以快速为客户提供个性化的解决方案为主要经营模式，实现企业价值与客户价值共同成长。汇川技术是工业自动化控制与驱动技术领军者，公司持续致力于以领先技术推进工业文明，快速为客户提供更智能、更精准、更前沿的综合产品及解决方案
22	广州数控	中国	1991 年	广州数控（GSK）是中国南方数控产业基地、国内技术领先的专业成套机床数控系统供应商。公司秉承科技创新，以核心技术为动力，以追求卓越品质为目标，以提高用户生产力为先导，主营业务有：数控系统、伺服驱动、伺服电机的研发生产，数控机床连锁营销与机床数控化工程，工业机器人、精密数控注塑机研制，以及数控高技能人才培训。GSK 是国内最大的机床数控系统研发、生产基地，科研开发人员 800 多人，年投入科研经费占销售收入的 8% 以上，年新产品收入占总销售收入的 75% 以上。GSK 拥有国内一流的生产设备和工艺流程，数控系统年产销售连续 10 年全国第一，占国内此类产品市场的 1/2 份额。公司科学规范的质量控制体系保证每套产品合格出品

续表

序号	厂商名称	所属国家	成立时间	简介
23	华数机器人	中国	2015 年	华数机器人是武汉华中数控股份有限公司旗下子公司，分别在佛山、重庆、深圳、东莞、宁波、苏州、泉州、南宁设有公司，全面覆盖华南、华东、华中、西南各大片区，同时积极布局国际市场，是集产品研发、制造、应用于一体的国家高新技术企业，是国产工业机器人的领军品牌，是智能制造及智慧工厂整体解决方案专家，具备年产 10 000 台工业机器人的生产能力
24	大疆创新	中国	2006 年	大疆创新成立于 2006 年，已发展成为空间智能时代的技术、影像和教育方案引领者。成立 16 年间，大疆创新的业务从无人机系统拓展至多元化产品体系，在无人机、手持影像系统、机器人教育等多个领域，成为全球领先的品牌，以一流的技术产品重新定义了"中国制造"，并在更多前沿领域不断革新产品与解决方案。以创新为本，以人才及合作伙伴为根基，思考客户需求并解决问题，大疆创新得到了全球市场的尊重和肯定。销售与服务网络覆盖全球 100 多个国家和地区
25	遨博	中国	2015 年	遨博创立于 2015 年，是一家专注于协作机器人研发、生产和销售的国家高新技术企业。作为协作机器人整体解决方案提供商，遨博开发了具有核心知识产权的协作机器人产品，实现核心部件国产化，打破了国外长期垄断。凭借安全稳定、简易编程等特点，广泛应用于 3C、汽车、五金家电、厨卫洁具、医疗健康、科研教育、餐饮、新零售、日化、物流等领域。销售和技术支持网络覆盖中国、欧洲、北美、东南亚等国家和地区

2.2 全球智能机器人技术创新概况

2.2.1 全球智能机器人技术发展概况

1. 工业机器人：技术迭代持续升级

"5G+工业互联网"为机器人发展带来新机遇。5G技术作为一种平台支撑技术，凭借其"超高速、低时延、大连接"的优势，将机器人终端接入工业互联网，结合人工智能、云计算、物联网等多种技术，实现机器人数字化、网络化、智能化升级，为机器人系统在工业环境、极端环境等领域的推广应用提供了技术保障。例如，韩国电信公司KT与现代重工集团旗下的现代机器人科学公司，联合研发5G智慧工厂产业机器人，将KT的智慧工厂平台与现代机器人的管理系统高度联动，增强机器人在联动生产、故障诊断、生产分析等方面的功能。

协作机器人多元化应用趋势显现。当前，协作机器人加速与人工智能、生物、认知科学等技术深度融合，复杂作业能力与非结构化环境感知能力大幅提升，应用场景从简单人机协作向精密作业、商业服务等更多领域推进。在协作工业化方面，具有轻量化特征的协作机器人负载不断增加，在工业场景承担更多工作。例如，优傲机器人发布20千克负重的协作机器人UR20，其在码垛、焊接、物料搬运、机器装载和机器看护等应用场景中加快普及；在商业化应用方面，由于柔性化水平的提升，协作机器人可实现更高精度、更强灵敏性的应用，在鞋服制造、快销品生产、生物医药研制、食品加工等领域愈加受到欢迎。

"机器人化"的智能装备推动行业数字化转型。近年来，集群智能、自主定位导航、人工智能等技术不断突破，机器人对复杂场景的任务处理能力大幅提高。机器人技术正广泛应用于生产装备，使其具备全域感知、智能决策、准确执行等能力，"机器人化"成为装备数字化的重要路径。同时，机器人作为新型劳动力，正在重新定义生产作业及流程，推动工业制造加快数字化转型。例如，极智嘉推出第五代智能仓库执行系统平台,实现超大规模机器人仓库的"货到人"拣选，为各类仓储物流机器人量身打造全新的智能仓储方案，实现了以机器人为中心的自动化作业，推动实现数据驱动、精准协同、高效智能的数字化制造。机器人正在从产品和技术的应用推广阶段，迈向引领行业数字化变革的新阶段。

2. 服务机器人：智能水平显著提升

多技术融合提升机器人自主能力。当前，通过综合运用视觉、压力等多种传感器，深度融合软硬件，不断优化控制算法，服务机器人自主智能水平大幅提高。特别是在医疗服务机器人领域，穿戴式医疗、智能材料及智能算法等新兴技术与医疗领域的结合日趋紧密，医疗服务机器人作为新技术的融合平台，呈现出更智能、更精密的发展趋势。例如，强生推出 Monarch 数字化手术平台，综合运用电磁导航、虚拟重建、柔性支气管镜等技术，提高术中视野清晰度，提升手术治疗的精准性、灵活性，最大限度地减少患者创伤；直觉外科收购临床数据服务商 Orpheus Medical，增强医院数据管理和资讯科技服务能力，为医生提供捕捉和共享临床视频及图像的功能,并通过人工智能分析手术治疗方法，改进手术流程，提高达芬奇手术系统的智能程度。

融合先进技术的新产品满足新兴服务需求。疫情催生大量新的服务需求，机器人企业针对特定应用，结合人机交互、3D 视觉、激光雷达等技术研发新型产品并投入使用，产生的行业新兴增长点已初具规模。抗疫系列机器人成为疫情防控的新生力量，从环境消杀、医废处理、物品配送，到测量体温、核酸检测等，已形成丰富多元的机器人应用。例如，咽拭子机器人通过人机交互技术来精准确定采样位置。此外，"无接触"配送成为新焦点，沃尔玛、亚马逊、达美乐、谷歌母公司 Alphabet、苹果等公司，以及中国的京东、美团、阿里等公司，都基于同时定位与地图构建（SLAM）、3D视觉和激光雷达、路径规划算法等技术，启动无人配送机器人系统和服务的测试和应用。

3. 特种机器人：应用领域大幅拓展

特种机器人的复杂环境适应能力不断提高。随着特种机器人的自主性和对环境的适应能力不断增强，特种机器人已能胜任定位、导航、避障、跟踪、场景感知识别、行为预测等复杂工作，将在深海探测、空间探索、紧急救援、防恐防暴等诸多领域释放更大价值。例如，波士顿动力开发的四足机器人Spot具有较强的非结构化环境适应性，能够爬楼梯并穿越崎岖的地形，已加入纽约消防部门，辅助消防员执行搜索与救援任务；美国宇航局成功完成"冷可操作月球可展开臂"项目，将金属玻璃（BMG）齿轮集成到机械臂部件，保证了机械臂可在-173 ℃的环境下正常运行，使其能够更好地适应太空环境。

仿生技术改变机器人形态。传统特种机器人是以刚性结构为主的，近年来，仿生新材料、刚柔耦合结构、柔性传感器等新型技术的进一步发展，推动特种机器人的外在形态和制动方式的进步，进一步拓展了特种机器人的应用范围。例如，中国的自供电软体机器人成功挑战马里亚纳海沟，实现了万米海底深潜和驱动，在南海海平面以下3000多米实现深海航行；德国Festo公司开发仿生魔鬼鱼，基于充满氦气的气囊和控制羽翼拍打的驱动器等组件，可以模仿魔鬼鱼水中运动的姿态，在空中自由翱翔。

2.2.2 全球智能机器人创新能力概况

在信息技术、材料技术、传感技术等多种技术融合创新驱动下，机器人愈加智能和灵活。机器人能力边界持续拓展，出现协作化、智能化的新趋势。同时，机器人技术正广泛"复制"移植"至生产装备和生活工具，"机器人化"的工具装备已无处不在，从感知智能向认知智能、从智能单机向智能系统加速演进。全球智能机器人创新分析将从专利的视角展开，分析全球智能机器人相关专利申请量的变化趋势，对技术来源国、重点研究机构和企业的专利分布进行分析。相关专利检索采用了 IncoPat 专利数据库，构建"IPC＋关键词"的专利检索策略，通过关键词和 IPC 分类号的组合检索获得最终的专利数据，以此数据开展全球智能机器人创新分析，截至公开日 2022 年 11 月 1 日，共检索到相关公开专利 461 933 件。

1. 专利分布概况

从全球范围上看，20 世纪 90 年代开始有一定量的智能机器人专利逐年被公开，2004 年开始智能机器人专利的公开量持续增长，在 2015 年达到增速峰值 49.23%。2019 年，智能机器人专利公开量的增速减缓较大，从 2018 年的 48.09% 减缓至 2019 年的 9.11%，但近两年增速有所回增（2020 年增速 17.23%，2021 年增速 16.73%），可以认为智能机器人的技术应用正处于快速发展的阶段（图 2-7）。

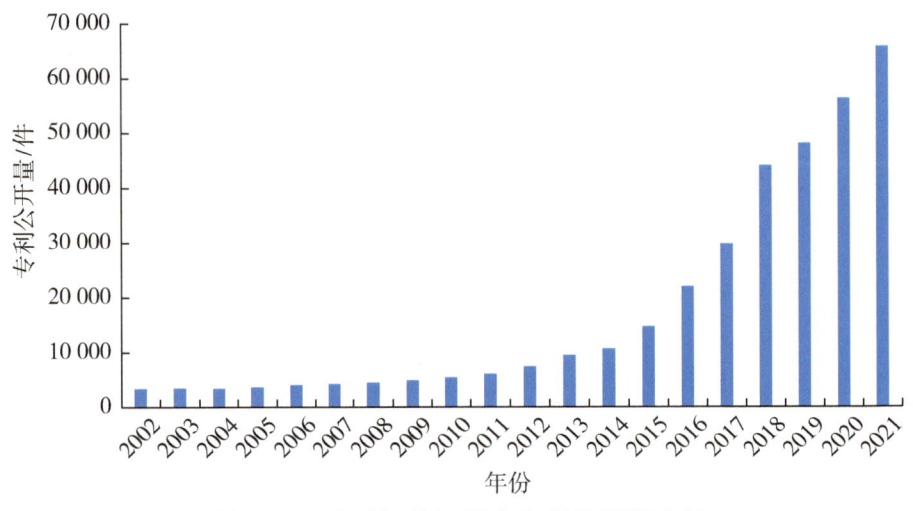

图 2-7 全球智能机器人专利公开量态势

2. 全球创新格局分布

根据样本专利，全球智能机器人专利技术来源国分布如图 2-8 所示。其中，①排名前 5 位的来源国分别为中国、日本、韩国、美国和德国，且来源于中国的专利公开量远高于日本、韩国、美国、德国，是排名第二位的来源国日本的专利公开量的 4 倍有余，在排名前 10 位的来源国总专利公开量中占比超过 60%，可以看出中国对该领域技术布局的重视，也反映出中国在智能机器人市场中的重要程度。②排名靠后的法国、英国、俄罗斯、印度、瑞士 5 国对智能机器人的技术贡献度微小，5 国总体专利公开量在排名前 10 位的来源国总专利公开量中占比不足 4%。

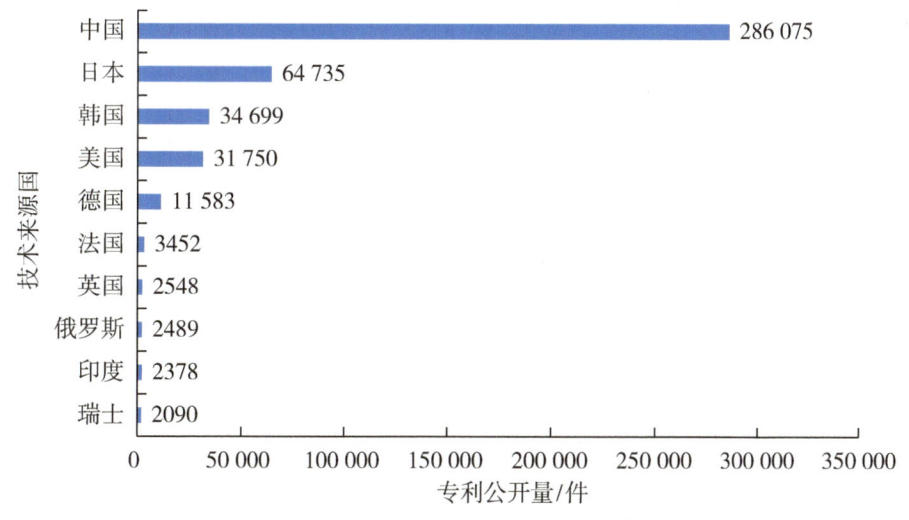

图 2-8 全球智能机器人专利技术来源国分布

结合图 2-9，可以发现在 5 个主要技术来源国中，自 2015 年起，中国在智能机器人领域的专利公开量呈现出高速增长态势，而其余 4 个主要技术来源国的专利公开量则呈现波动中缓慢增长的趋势。

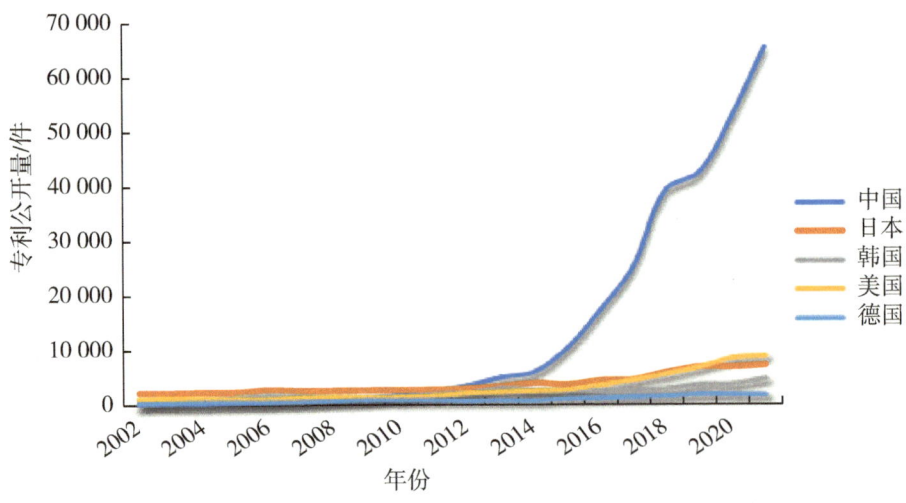

图 2-9 主要技术来源国专利公开量态势

从市场占领的角度，在当地申请专利是在不同地缘市场进行技术布局的方式之一，从图 2-10 可以看出，已有多个国家的机构在华申请少量的智能机器人专利，意味着这些国家的机构正在进入甚至尝试占领中国的部分智能机器人市场。结合图 2-8 主要技术来源国的排名，位居第四的美国在华申请的专利公开量高于位居第三的韩国，一定程度上反映出美国在该领域对中国市场的重视程度。

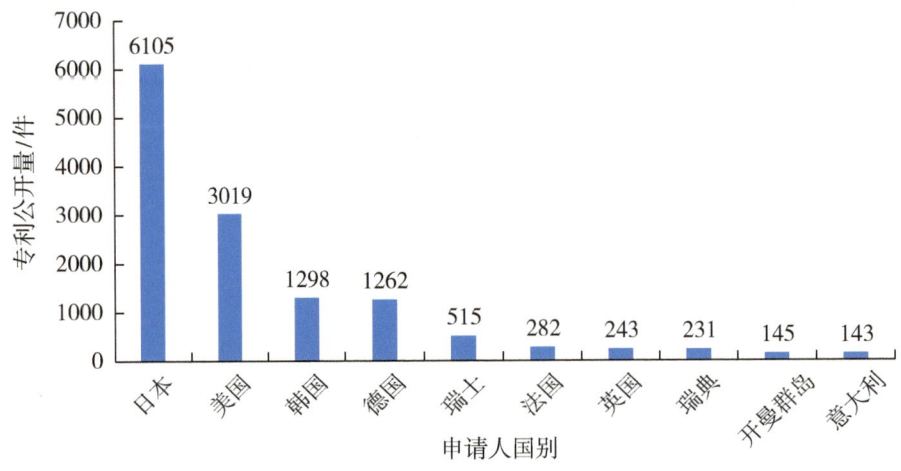

图 2-10 不同国家的机构在华申请智能机器人专利情况

从图 2-11 可以看到，自 2014 年起，在我国公开的智能机器人专利总量处于上升趋势。在此期间，日本、美国、韩国、德国、瑞士的专利公开量均波动上升，而日本、美国在该领域的专利公开量增幅较为明显。

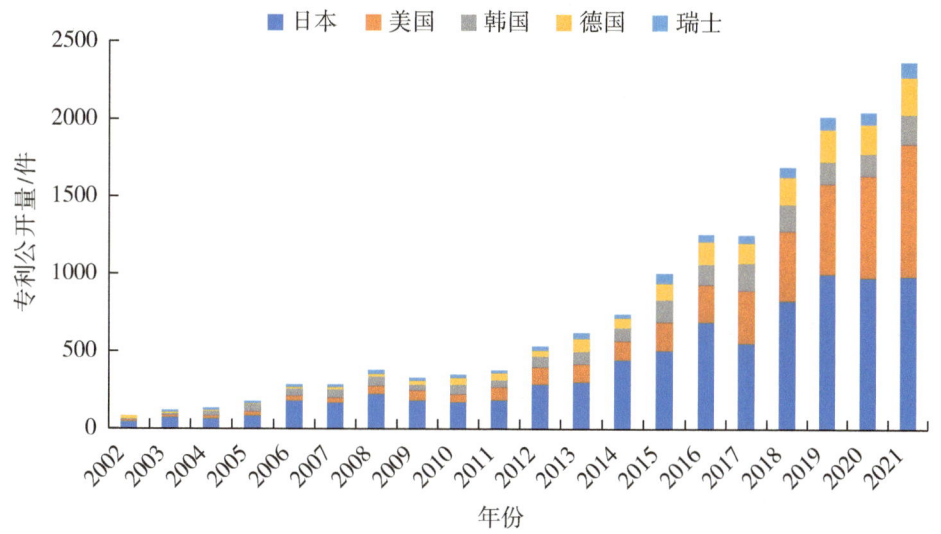

图 2-11 主要国家的机构在华申请智能机器人专利历年情况

3. 企业分析

全球范围内对智能机器人有效专利的贡献度排名前十的企业中，中国企业上榜 6 家，韩国企业上榜 2 家，日本、美国企业各上榜 1 家，6 家中国企业总体的专利公开量占前十总专利公开量的 54.88%。LG 电子的贡献度位列第一，超第二位格力 60% 以上，格力、百度和博智林分别位列第二、第三、第四，显示出上述 3 家企业近年来分别在工业机器人、服务机器人和建筑机器人领域创新活跃。位列第五、第六的日企发那科（FANUC）与美企直觉外科（Intuitive Surgical）的专利贡献度相差无几，韩企三星（SAMSUNG）位列第七，哈尔滨工业大学、银星智能、国家电网分别位列第八、第九、第十（图 2-12）。

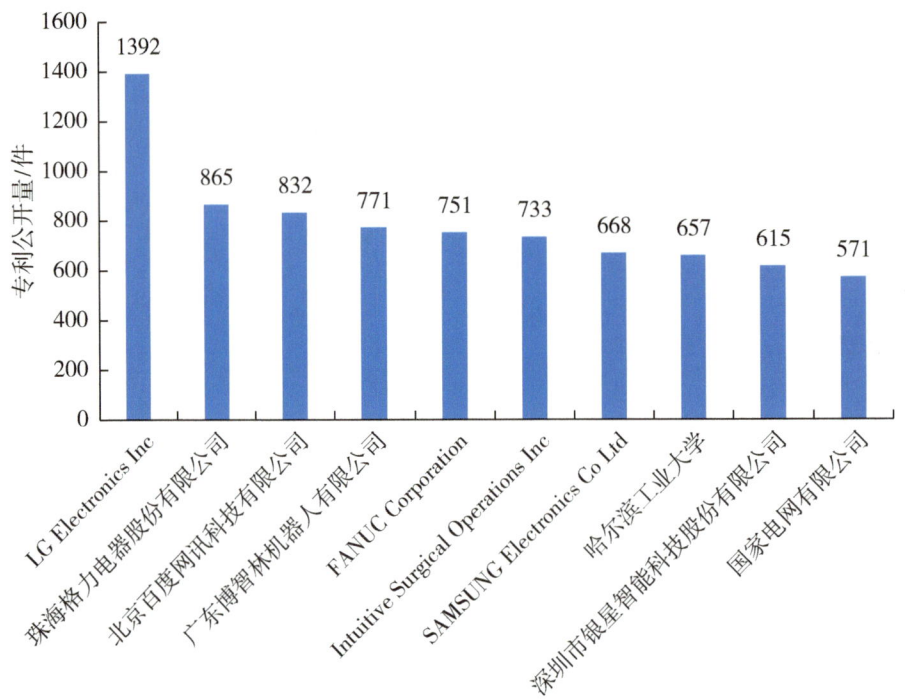

图 2-12　全球智能机器人专利企业申请人排名

2.2.3　技术发展最新动态

1. 前沿技术

（1）美研究人员开发出基于"物理智能"的自主导航软体机器人

2022 年 5 月 23 日，据 TechXplore 网站消息，美国北卡罗来纳州立大学和宾夕法尼亚大学的研究人员开发出能够在迷宫等复杂环境中，通过"物理智能"（physical intelligence）自主导航而无需人类或计算机干预的软体机器人。相关研究成果发表在《美国国家科学院院刊》上。该软体机器人由液晶弹性体制成，呈扭曲带状，当将其放置在温度至少为 55 ℃ 的表面上时，机器人接触表面的部分会收缩，而暴露在空气中的部分不会收缩，使得机器人可以在表面滚动，且表面温度越高，其滚动的速度就越快。当机器人一端遇到物体时，机器人会稍微旋转以绕过障碍物,而当中央部分遇到物体时,机器人会"折断"以释放存储的变形能量使其越过障碍物,机器人可经过多次旋转或"折断"找到正确路径。

(2)中美科研人员开发增强人机协作的可解释人工智能范式 XAI

2022年7月13日,由加州大学洛杉矶分校、加州大学圣地亚哥分校、北京大学和北京通用人工智能研究院(BIGAI)的研究人员组成的研究团队将他们的最新研究成果发表在 Science Robotics 期刊上。研究成果描述了可增强人机协作的新人工智能范式——机器主动-用户主动(active machine–active user)范式,在这种范式下,机器可以根据即时收到的用户反馈进行主动学习并调整其决策,这种主动性常被称作下一代人工智能的特征。

(3)意大利研究人员开发基于褶皱的仿生机器人执行器

2022年7月11日,意大利技术研究院(Istituto Italiano di Tecnologia)仿生软机器人实验室的研究团队开发了新的基于褶皱的软机器人执行器,研究成果发表在 Science Robotics 期刊上。该执行器可灵活适用于各个尺寸,最小可达1 cm,打破了研究人员以往受制于标准尺寸气动人工肌肉执行器(模拟肌肉活动,可使人造肌肉执行抓握和扭转动作)的困境。

(4)美国研究人员开发可变形泵为软机器人提供"心脏"

对软机器人来说,充当"心脏"的电子驱动泵又大又硬,且必须与机器人的身体分离,而这种分离可能会泄漏能量并降低机器人的效率。为了解决这一难题,康奈尔大学和美国陆军研究实验室的研究人员利用流体动力和磁力来驱动一种橡胶状、可变形的泵,该泵可以为软机器人提供循环系统。这些分布式软泵的运作与人类的心脏和输送血液的动脉类似,能够为软机器人储存能量并为其附肢和运动提供动力以完成复杂的任务。研究成果于2022年7月11日发表于《美国国家科学院院刊》(Proceedings of the National Academy of Sciences)上。

（5）中新（新加坡）研究人员开发新杆驱动软机器人 RDSR

2022 年 7 月 8 日，新加坡国立大学和北京交通大学的研究人员开发了一种新的杆驱动软机器人（RDSR），研究成果发表在 IEEE Robotics and Automation Letters 期刊上。未来，这组研究人员创建的 RDSR 系统可以更有效、更可靠地帮助处理复杂的任务，实现更高的精度，可应用于复杂的外科手术或帮助康复期间的老年和弱势患者中。

（6）特斯拉推出了人形机器人擎天柱 Optimus

2022 年 10 月 1 日，特斯拉正式推出了人形机器人擎天柱 Optimus（简称"Optimus"）。特斯拉现场展示的视频中，重量 73 千克、高度 1.72 米的 Optimus 能够完成搬运货物、给植物浇水和移动金属棒等工作。Optimus 的制造规模可能将达到数百万台，预计其量产成本将比汽车低得多，每台价格可能会少于 2 万美元（约 14.2 万元）。

2. 最新产品

（1）福特汽车研制机器人充电站来帮助残疾司机为车辆补能

2022 年 7 月，据中国机器人网报道，福特汽车正在与德国多特蒙德大学合作，并研发了一个机器人充电站的原型机，以此帮助老年人和行动不便的人给车充电。在这个充电站里，机器人的手臂会变为一个充电枪，当车辆来到机器人面前时，驾驶者可以在车内使用名为 FordPass 的手机 APP 控制充电口打开盖子，然后机器人身上的充电枪就会在内置摄像头的帮助下插入充电口，并开启充电。在试验中，司机可以通过 FordPass 实时查看车辆的充电状态。一旦汽车充电完毕，充电枪就会自动回到原位。在未来，这种机器人充电设备可以在残疾人停车位、普通停车场和私人住宅中使用。它也可以用于公司车队，甚至可以为完全自动驾驶的电动汽车提供自助充电服务。

（2）亚马逊推出其首款全自动仓库机器人

2022年6月22日，据外媒TheVerge报道，亚马逊发布了其第一款全自动移动机器人，旨在在其仓库中移动大型推车。这个机器人被称为Proteus，与以往的机器人不同的是，Proteus拥有"先进的安全、感知和导航技术"，可以安全地在人类员工中穿梭。Proteus可以代替工人手动移动重物，以此帮助提高安全性。

（3）发那科（FANUC）发布多款CRX协作机器人

2022年3月1日，发那科发布多款CRX协作机器人，CRX协作机器人家族达到5款机型。发布的是CRX-5iA、CRX-20iA/L、CRX-25iA 3款机型，负重分别为5 kg、20 kg、25 kg，可达范围分别为994 mm、1418 mm、1889 mm，以满足人机协作的不同需求。发那科CRX系列协作机器人的工业设计采用极简风格，造型简练美观，凸显"人机协作"的亲近感，操作简易且具有安全等级的接触停止检测功能。

（4）ABB全新推出高速五轴并联机器人FlexPicker IRB365

2022年7月，ABB全新推出IRB365机器人，进一步拓展其FlexPicker并联机器人产品组合。IRB365五轴机器人负载可达1.5 kg，兼具灵活和速度优势，适用于轻型包装产品的重新定位。

IRB365可满足从产品重定位、顶部装载和二次包装，到瓶装搬运、整理、3D拾取、供料和包裹分拣等各种应用需求。该款机器人配备有业内最小巧的并联机器人控制器——OmniCore C30控制器，具有领先的运动控制能力，同时搭载内置数字连接和1000余种软硬件附加功能，可随时响应未来不断变化的生产需求。

（5）意大利柯马公司重磅推出防水防污高速工业机器人

2022年7月13日，柯马推出全新Racer-5 SENSITIVE ENVIROMENTS（Racer-5 SE），这是一款高速工业机器人，专为特殊和敏感工作环境设计，适用于制药、健康和美容、食品和饮料，以及电子工业等行业。这款坚固耐用的六轴关节型机器人具有防水、耐热和耐油脂的保护涂层，完全满足IP67防护等级、高等级ISO 5洁净室级别认证（ISO 14644-1）、化学制剂防护和降低污染风险等需求。同时，它还具有NSF H1食品级润滑。这一专用机器人也具有降低操作人员处理潜在有害化学品和物质的风险，以及提高产能、可追溯性和质量等其他优势。

2.3 全球智能机器人产业重大事件

2.3.1 全球智能机器人收购、并购事件

① 2019年2月，强生以34亿美元的价格收购Auris Health及其FDA批准的Monarch平台。Auris是外科机器人技术的先驱Fred Moll博士创建的外科手术机器人公司。强生对Auris的收购使其成为有史以来最大的10笔由风险投资支持的私人并购交易之一，也成为历史上最大的机器人技术和最大的医疗技术私人并购交易。

② 2019年3月，最大的运输机器人交易是Renesas以67亿美元完成对Integrated Device Technology Inc.的收购，以购买其自动驾驶汽车芯片。

③ 2019年4月，日立公司以14.25亿美元的价格收购了位于密歇根州荷兰的工业机器人集成商JR Automation。日立希望利用JR自动化的机器人集成专业知识和客户群，这也将有助于日立不断发展的物联网（IoT）业务。

④ 2019 年 9 月，西门子以 11 亿美元的价格收购 Corindus Vascular Robotics。Corindus 的 CorPath 系统是美国食品药品监督管理局（FDA）批准的首款血管介入手术医疗器械，旨在将机器人的精确度引入经皮冠状动脉和血管手术。对 Corindus 的收购，加上西门子强大的先进疗法产品组合，将有助于进一步推动血管机器人技术的发展。

⑤ 2019 年 9 月，领先医疗技术公司 Stryker 以 5 亿美元的价格收购了 Mobius Imaging 及其子公司 Cardan Robotics。Cardan Robotics 成立于 2015 年，致力于为手术和介入放射学程序开发机器人和导航技术系统。

⑥ 2019 年 9 月，Shopify 以 4.5 亿美元收购 6 River Systems，6 River Systems 是一家总部位于马萨诸塞州沃尔瑟姆的仓库自动化初创公司，以其 Chuck 自主移动机器人（AMR）闻名。

⑦ 2019 年 11 月，工业物联网公司 PTC 以 4.7 亿美元收购 Onshape，Onshape 是软件即服务（SaaS）产品开发平台的创建者。

⑧ 2019 年 11 月，Kaman 以 3.3 亿美元收购 Bal Seal Engineering。

⑨ 2020 年 1 月 16 日，美安医药与外骨骼康复机器人公司 Rex Bionics 在 JP 摩根医疗健康大会上宣布，美安医药将与海外投资人合作成立由美安医药控股的运营主体 MaxRex，收购 Rex Bionics 100% 股权，及其全球资产、知识产权。

⑩ 德国自动化公司 HAHN Group 继收购了协作机器人制造商 Rethink Robotics 和系统集成商 REI Automation 之后，又于 2020 年 5 月收购了德国机器人集成商 DAHL Automation。

⑪ 2020 年 10 月，ABB 完成对领先的并联机器人提供商 Codian Robotics 的收购。Codian Robotics 聚焦高精度拾放应用领域，产品包括卫生级产线设计，尤其适用于食品饮料、制药等卫生敏感型行业。

⑫ 2020 年 12 月，韩国现代汽车集团证实了以 8.8 亿美元收购著名的工程和机器人公司波士顿动力。

⑬ 2021 年年初，Ondas 收购 American Robotics，American Robotics 成为美国联邦航空管理局（FAA）批准的第一家在没有操作人员的情况下飞行超视距无人机的公司。

2.3.2　全球智能机器人 IPO 情况

① 2019 年 7 月 15 日，中国机器人独角兽公司达闼科技准备于纽交所上市，代码为"CMDS"，正式 IPO 的规模为 5 亿美元，募资用于研发、销售渠道的开发和市场份额的扩大等。

② 2020 年 4 月 13 日，上交所受理苏州绿的谐波传动科技股份有限公司科创板首发上市申请，公司拟募资 5.46 亿元。

③ 2020 年 4 月 13 日，上交所发布科创板上市委审议会议结果，同意埃夫特首发上市，本次拟募资 13 亿元。

④ 2021 年 4 月，机器人卡车公司 TuSimple 在纳斯达克上市，募集资金 10 亿美元。

⑤ 2021 年 9 月，泌尿外科手术机器人公司 Procept BioRobotics（股票代码：PRCT）在美国纳斯达克上市。Procept BioRobotics 发行价为 25 美元，发行 656 万股，募资总额为 1.64 亿美元。

⑥ 2021 年 12 月 1 日，安全机器人公司 Knightscope 在纳斯达克上市。

⑦ 2021 年，挪威机器人公司 AutoStore 将在泛欧交易所旗下的奥斯陆证券交易所上市，这将是挪威 20 年来规模最大的 IPO，IPO 估值约 124 亿美元。

⑧ 2022 年 3 月，Mobileye 已向 SEC 提交首次公开募股（IPO）申请，估值达到了 500 亿美元。

2.3.3 全球智能机器人融资情况

2019 年，大环境不景气，智能机器人行业整体呈下行趋势，资本开始转移，融资难度加大。然而，全球的智能机器人市场规模依旧在不断壮大，智能机器人产业已发展成为智能制造的一个主流方向。据不完全统计，2015 年全球智能机器人行业融资 396 起，总金额超 377 亿美元。从融资金额看，2019 年 7 月是全年融资金额最高点，融资金额达 101 亿美元。从融资数量看，2019 年 8 月虽然金额不理想，但是融资数量达 50 起，成为 2019 年智能机器人行业融资的"冠军月"。

2020 年，智能机器人赛道共发生融资事件 242 起，其中亿元级别的项目共 64 个，微创医疗机器人以 30 亿元融资夺得单轮融资金额榜首。工业机器人赛道中，现代机器人、镁伽机器人分别获得 3 亿元、2 亿元融资。物流与智能仓储机器人赛道中，极智嘉与快仓智能均获得十亿元级别的融资，深受资本追捧。水下机器人赛道中，深之蓝获 2 亿元融资。

从 2021 年智能机器人领域融资数量类别分布来看，整体发展均衡，主要融资方向分为工业机器人、服务机器人、特种机器人，以及机器人解决方案、技术、零部件四大类。根据钛媒体 TMTbase 全球数据库不完全统计，2021 年服务机器人赛道相关融资事件为 113 起，融资金额超 440 亿元。从全球来看，医疗机器人（医疗机器人属于服务机器人中的特种服务机器人，是指应用于医院、诊所的医疗或辅助医疗的半自主或全自主工作的机器人，它能够完成有益于人类健康的服务工作，但不包括从事生产活动的设备）成为热点，该领域融资在近7年呈上升趋势；2021年全球医疗机器人领域有74起融资事件，金额高达35.19亿美元，同比上升181%。2021年平均每起事件的融资金额为4800万美元，几乎是2020年的两倍，具体来看，2021年6月手术机器人研发商CMR Surgical完成6亿美元的D轮融资，是近7年智能机器人领域最高的一笔。

2.4 全球智能机器人发展政策概况

各国高度重视智能机器人的研发和产业化，为了促进智能机器人技术的推广应用，相继出台了一系列相关发展战略与规划，如美国的《机器人路线图：从互联网到机器人》《国家机器人计划：机器人集成创新（NRI3.0）》、德国的《高科技战略2025》、欧盟的《工业5.0：迈向持续、以人为本且富有韧性的欧洲工业》、日本的《机器人实施模型构建推进工作组活动成果报告书》、韩国的《机器人产业规制改善民间协议体》等。

1. 美国

美国作为最早开发及推广应用机器人的国家，其智能机器人技术在国际上一直处于领先水平，近年来，美国先后制定和发布了多项与机器人发展相关的战略及计划。在美国计算机社区联盟（CCC）和美国国家科学基金会（NSF）的支持下，2009年发布首份《机器人路线图：从互联网到机器人》，将智能机器人与20世纪互联网定位于同等重要地位，同时强调了智能机器人技术在制造业和医疗健康领域的重要作用，并分别于2013年、2016年进行了更新和修订。2020年推出了《机器人路线图：从互联网到机器人》最新版本，探讨了机器人在未来5年、未来10年和未来15年作为关键经济促进者的使能作用，尤其是在制造、医疗和服务行业。2018年发布《先进制造业美国领导力战略》，提出开发和转化新的制造技术使命，把抓住智能制造系统的未来作为战略目标之一，把发展先进的工业机器人作为优先计划事项之一。2021年推出《国家机器人计划：机器人集成创新（NRI3.0）》，支持促进机器人整合的研究，不再局限于协作机器人技术，以推动机器人集成科学的发展。2022年推出《2023—2027财年人工智能战略计划》，将机器学习、自然语言处理、机器人过程自动化和深度学习视为人工智能的子集，给予重点支持和突破。

2. 欧洲

在欧洲，机器人技术创新一直是欧洲数字议程、第七研发框架计划和"地平线2020"项目资助的重点优先领域。英国在2014年推出首个官方机器人战略RAS 2020，并投资2.57亿美元用于发展机器人和自主系统。2021年，英国推出《英国创新战略：通过创造引领未来》，目标是到2035年将英国打造成为全球创新中心，将机器人和智能机器作为支持英国深度转型的七大技术之一。2013年，德国为保持其制造业领先地位发布《工业4.0计划》，将智能机器人和智能制造技术作为新工业革命的切入点。2018年，德国发布《高科技战略2025》，指出在人工智能产品发展过程中，要形成以欧洲标准为中心的机器人体系，同时要保护公民数据主权。2013年，法国推出了《法国机器人发展计划》，计划向机器人产业投资1.296亿美元，旨在为机器人产业持续发展创造有利条件。2014年，欧盟启动了《欧盟机器人研发计划》，这是世界上最大的民间资助机器人创新计划，计划到2020年投入28亿欧元，集合200多家公司、1.2万名研发人员参与，在制造业、农业、健康、交通、安全和家庭等领域推广机器人应用。2021年，欧盟发布《工业5.0：迈向持续、以人为本且富有韧性的欧洲工业》，在个性化定制方面提出人与机器人协同工作，人类负责定制化工作，机器人辅助作业。

3. 东亚

日本作为机器人第一大国，始终保持对机器人产业的高度重视，制定了机器人技术长期发展战略。同时，日本政府将机器人作为经济增长战略的重要支柱。2014年6月，日本政府通过《日本振兴战略》，提出推动机器人驱动的新工业革命，讨论相关的技术进步、监管改革及机器人技术的全球化标准等举措。在机器人路线中，将新世纪工业机器人列为重点发展的3个领域之一。2015年发布《机器人新战略》，旨在将机器人与计算机技术、大数据、网络、人工智能等深度融合，在日本积极建立世界机器人技术创新高地，打造世界一流的机器人应用社会，引领新时代智能机器人发展。2020年发布《机器人实施模型构建推进工作组活动成果报告书》，通过标准化机器人的安装环境及运用流程，完善机器人友好的环境，推进机器人引进的加速。韩国2012年发布《机器人未来战略2022》，计划投资3500亿韩元，将目前2万亿韩元规模机器人产业扩展10倍，将机器人产业打造为支柱性产业，重点发展救灾机器人、医疗机器人、智能工业机器人、家庭机器人等四大类机器人。2020年推出《中小企业技术创新开发项目》，在二次电池、尖端机器人、未来汽车等有潜力领域的核心技术上，向中小企业提供共194亿韩元的R&D支援（图2-13、表2-2）。

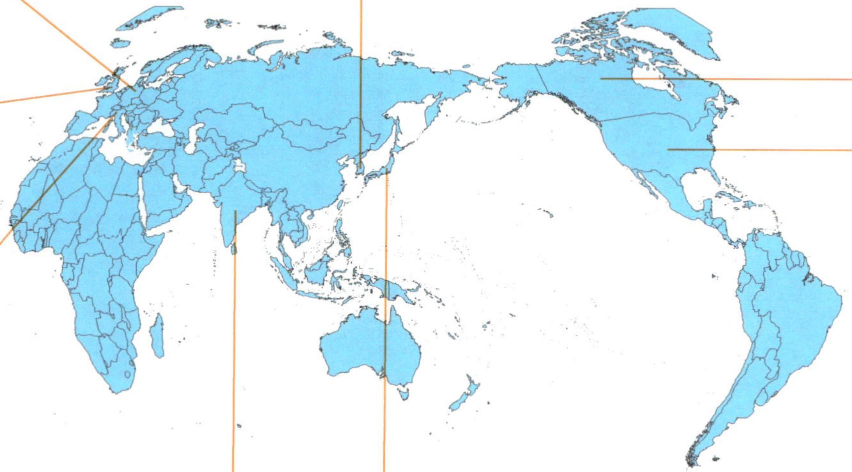

第二章 全球智能机器人产业发展概况

德国

《高科技战略 2025》

要点：指出在人工智能产品发展过程中，要形成以欧洲标准为中心的机器人体系，同时要保护公民数据主权。

英国

《英国创新战略：通过创造引领未来》

要点：目标是到 2035 年将英国打造成为全球创新中心，将智能机器人和智能系统作为支持英国深度转型的七大技术之一。

欧盟

《工业 5.0：迈向持续、以人为本且富有韧性的欧洲工业》

要点：工业 5.0 源于工业 4.0，但并非简单延续，而是更加注重社会和生态价值。其要求工业生产必须尊重和保护地球生态。将让工人的利益置于生产过程的中心地位，进而使工业可以实现跨越和持续以外的社会目标，成为方针稳定和繁荣的基石。其中在个性化定制化工作、机器人协同工作、人类负责创造性工作，机器人辅助作业。

印度

《技术创业计划》

要点：为初创的公司及早期使用者提供帮助，为这些机构和个人实现机器人流程自动化。

韩国

《中小企业技术创新开发项目》

要点：政府在二次电池、尖端材料、未来汽车等有潜力领域的核心技术上，将向中小企业提供共 194 亿韩元的 R&D 支援。在尖端机器人领域，为了机器安全检查用移动机器人的发展，选出了"制造业工人支援合作机器人""管道复合物流管理机器人""以 AI 为基础的物体跟踪着型移动机器人"等 7 个课题。

加拿大

《探索、想象、创新：加拿大太空战略》

要点：表明加拿大在太空探索领域的战略价值。新的战略旨在利用加拿大在机器人、人工智能和生物医学技术等领域的优势，推进科技创新发展，同时带动国内航天产业发展，提高民众生活水平。

美国

《机器人路线图：从互联网到机器人》

要点：重点从架构设计实现、移动性、抓取和操作、人机交互、多机器人协作等领域开展研究。聚集在新材料、传感器、规划/控制方法、多机器人协作、鲁棒计算机视觉识别，建模和系统优化等方面。

日本

《机器人实施策略构建推进工作组活动成果报告书》

要点：通过标准化机器人的安装环境及运用流程，完善机器人友好的环境，推进机器人引进的加速。同时，构筑标准的机器人安装模型，加速普及。

图 2-13 全球主要国家/地区智能机器人相关政策分布

49

表2-2 全球主要国家/地区智能机器人相关政策分布

序号	国家/地区	政策发布时间	政策名称	政策要点
1	美国	2022.7	《2023—2027财年人工智能战略计划》	人工智能战略计划将机器学习、自然语言处理、机器人过程自动化和深度学习视为人工智能的子集。"2023—2027财年"中提出了总体战略和机构战略目标、实现这些战略目标的行动等，进一步阐述了潜在挑战目标，以及如何应对关键挑战和外部因素
2	美国	2021.2	《国家机器人计划：机器人集成创新（NRI3.0）》	NRI-3.0计划建立在先前的国家机器人计划2.0基础上，以支持美国的基础研究。该计划支持促进机器人整合的研究，不再局限于协作机器人技术，以推动机器人集成科学的发展
3	美国	2009—2020	《机器人路线图：从互联网到机器人》	重点从架构与设计实现、移动性、抓取和操作、感知、规划和控制、学习和适应、人机交互、多机器人协作等8个机器人领域开展研究，聚焦在新材料、集成传感、规划/控制方法、多机器人协作、鲁棒计算机视觉识别、建模和系统级优化等方面
4	美国	2018.10	《先进制造业美国领导力战略》	提出开发和转化新的制造技术使命，把抓住智能制造系统的未来作为战略目标之一，把发展先进的工业机器人作为优先计划事项之一
5	加拿大	2019.3	《探索、想象、创新：加拿大太空战略》	表明加拿大在太空探索领域的战略价值。新的战略旨在利用加拿大在机器人、人工智能和生物医学技术等领域的优势，推进科技创新发展，同时带动国内航天产业发展，提高民众生活水平
6	英国	2022.6	《国防部的科学和技术组合》	该组合包含一系列计划和独立项目，旨在满足英国国防部（MOD）的能力需求，并确保英国武装部队保持在技术的最前沿。这其中包括人工智能计划（在该计划中包括机器人和自助系统）

续表

序号	国家/地区	政策发布时间	政策名称	政策要点
7	英国	2021.7	《英国创新战略：通过创造引领未来》	目标是到2035年将英国打造成为全球创新中心，将机器人和智能机器作为支持英国深度转型的七大技术之一
8	德国	2018.9	《高科技战略2025》	指出在人工智能产品发展过程中，要形成以欧洲标准为中心的机器人体系，同时要保护公民数据主权
9	德国	2013.4	《工业4.0计划》	将智能机器人和智能制造技术作为新工业革命的切入点
10	法国	2013.3	《法国机器人发展计划》	计划向机器人产业投资1.296亿美元，旨在为机器人产业持续发展创造有利条件
11	欧盟	2021.1	《工业5.0：迈向持续、以人为本且富有韧性的欧洲工业》	工业5.0源于工业4.0，但并非简单延续，而是更加注重社会和生态价值。其要求工业生产必须尊重和保护地球生态，将工人的利益置于生产过程的中心位置，进而使工业可以实现就业和增长以外的社会目标，成为社会稳定和繁荣的基石，其中在个性化定制方面提出人与机器人协同工作，人类负责定制化工作，机器人辅助作业
12	欧盟	2019.11	《增强欧盟未来工业关键战略价值链》	目的是提高欧盟面向未来的六大战略性产业领域的竞争力和全球领导力，作为本届欧盟委员会强化欧洲产业基础的组成部分，为新一届欧盟委员会制定欧洲产业长期发展战略提供参考，其中涉及自动驾驶汽车、工业物联网、智慧健康等领域
13	日本	2022.6	《高中学习支持内容》	让学生体验编程学习，包括学习编程语言（Python）的基本知识，同时逐步用编程增加机器人所能做的事
14	日本	2020.5	《无人机性能评价指南》	将无人机与机器人技术结合，创造更大的价值

续表

序号	国家/地区	政策发布时间	政策名称	政策要点
15	日本	2020.3	《机器人实施模型构建推进工作组活动成果报告书》	通过标准化机器人的安装环境及运用流程，完善机器人友好的环境，推进机器人引进的加速。同时，构筑标准的机器人安装模型，加速普及
16	韩国	2022.8	《2022年核电站领域中小企业技术开发支援计划》	发展密闭空间监视用机器人、核电站除盐用机器人、水下检查专用机器人、核电站蒸汽发生器检修机器人
17	韩国	2020.8	《中小企业技术创新开发项目》	政府在二次电池、尖端机器人、未来汽车等有潜力领域的核心技术上，将向中小企业提供共194亿韩元的R&D支援。在尖端机器人领域，为了机器人产业的升级和尖端制造技术的发展，选出了"制造业工人支援合作机器人""管道安全检查用移动机器人""多功能复合物流管理机器人""以AI为基础的物体附着型移动机器人"等7个课题
18	韩国	2012.10	《机器人未来战略2022》	计划投资3500亿韩元，将目前2万亿韩元规模机器人产业扩展10倍，将机器人产业打造为支柱性产业，重点发展救灾机器人、医疗机器人、智能工业机器人、家庭机器人等四大类机器人
19	印度	2020.3	《技术创业计划》	为初创公司及早期使用者提供帮助，为这些机构和个人实现机器人流程自动化
20	新加坡	2020.12	《研究、创新与企业计划2025》	继续巩固重点领域的优势，并让数字技术跨越多个行业领域，如机器学习、人工智能、机器人和自动化，加快发展材料创新的步伐。在医疗技术的各个重点细分领域培养人才和发展深度技术，如人工智能、网络安全和机器人技术。举办机器人工程培训

第三章
中国智能机器人产业发展概况

中国高度重视智能机器人科技和产业的发展，智能机器人市场规模持续快速增长，智能机器人企业逐步发展壮大，已经初步形成完整的智能机器人产业链，同时"智能机器人+"应用不断拓展深入，产业整体呈现欣欣向荣的良好发展态势。

3.1 中国智能机器人产业概况

3.1.1 产业发展规模

工业机器人方面，近年来我国工业机器人产量持续增加，随着后疫情时代的到来，中国工业经济展现出了应对复杂严峻局面的强大韧性和活力，工业机器人也以亮眼的表现逆势上扬，2021年达近5年来最高值。国家统计局数据显示，2021年全国工业机器人产量成功突破30万套大关，达到36.6万套，同比增长44.9%。与此同时，工业机器人的应用领域也进一步扩大，应用领域已覆盖汽车、电子、冶金、轻工、石化、医药等52个行业大类，143个行业中类，并囊括了焊接、喷涂、装配、搬运、堆垛、打磨、涂胶、分拣、包装、检测、上下料等数十种工艺。服务机器人方面，近年来人工智能技术的发展和突破使服务机器人的使用体验进一步提升，语音交互、人脸识别、自动定位导航等人工智能技术与机器人的融合不断深化，智能产品不断推出，同时催生出一批创新创业型企业。与此同时，我国在多模态人机交互技术、仿生材料与结构、模块化自重构技术等方面也取得了一定进展，进一步提升了我国在智能机器人领域的技术水平。目前，我国已在医疗、烹饪、物流等机器人的应用领域开展了广泛的研究，未来应用场景将不断拓展，应用模式将不断丰富。中国服务机器人具有巨大的市场空间和发展潜力。特种机器人方面，目前在反恐排爆及深海探索领域部分关键核心技术已取得突破。例如，多传感器信息融合技术、高精度定位导航与避障技术、汽车底盘危险物品快速识别技术已初步应用于反恐排爆机器人。与此同时，我国先后攻克了钛合金载人舱球壳制造、大深度浮力材料制备、深海推进器等多项核心技术，使我国在深海核心装备国产化方面取得了显著进步。

1. 工业机器人

在国内密集出台的政策和不断成熟的市场等多重因素驱动下，工业机器人发展迅猛，除了汽车、3C两大需求最为旺盛的行业，化工、石油等应用市场逐步打开。中国近年来工业机器人发展持续向好，已成为驱动机器人产业发展的主引擎。根据IFR统计数据，近5年中国工业机器人市场规模始终保持增长态势，2022年市场规模将继续保持增长，预计可达到87亿美元。到2024年，中国工业机器人市场规模将进一步扩大，有望超过110亿美元（图3-1）。

图 3-1　2017—2024 年中国工业机器人市场规模

（数据来源：IFR、中国电子学会）

2. 服务机器人

从市场来看，服务机器人是我国机器人行业增长最快的一个赛道。由于人口老龄化趋势加快，以及教育、医疗、康养等领域持续旺盛的需求牵引，中国服务机器人存在巨大市场潜力和发展空间，成为机器人市场应用中颇具亮点的领域。近 5 年来，我国服务机器人行业增长速度高于全球平均速度，市场规模占比超过 25%，国家统计局数据显示，2021 年我国服务机器人产量达 921 万套，同比增长 48.9%。2022 年，中国服务机器人市场快速增长，教育、公共服务等领域需求成为主要推动力。预计 2022 年，中国服务机器人市场规模将达到 65 亿美元。到 2024 年，随着新兴场景的进一步拓展，中国服务机器人市场规模有望突破 100 亿美元（图 3-2）。

图 3-2　2017—2024 年中国服务机器人市场规模

（数据来源：IFR、中国电子学会）

3. 特种机器人

当前，国内特种机器人市场保持较快发展，各种类型产品不断出现，中国在应对地震、洪涝、极端天气等灾害，以及矿难、火灾等公共安全事件中，对特种机器人有着突出的需求。2017 年以来，中国特种机器人市场规模复合年均增长率达到 30.7%。预计 2022 年，中国特种机器人市场规模将达到 22 亿美元。到 2024 年，中国特种机器人市场规模有望达到 34 亿美元（图 3-3）。

图 3-3 2017—2024 年中国特种机器人市场规模

（数据来源：IFR、中国电子学会）

3.1.2 产业分布概况

各地政府高度重视，并积极扶持、推动智能机器人产业的发展，全国大部分省市都建立了不同形式的机器人产业园、产业小镇、产业基地等，基本形成了长三角、珠三角、环渤海、东北、中部和西部六大机器人产业集聚区。长三角地区、珠三角地区在我国机器人产业发展中基础相对较为雄厚，环渤海地区机器人产业逐步发展壮大，东北地区虽具有一定机器人产业先发优势，但近年来产业整体表现较为有限，中部地区和西部地区机器人产业发展表现出相当的后发潜力（图 3-4）。

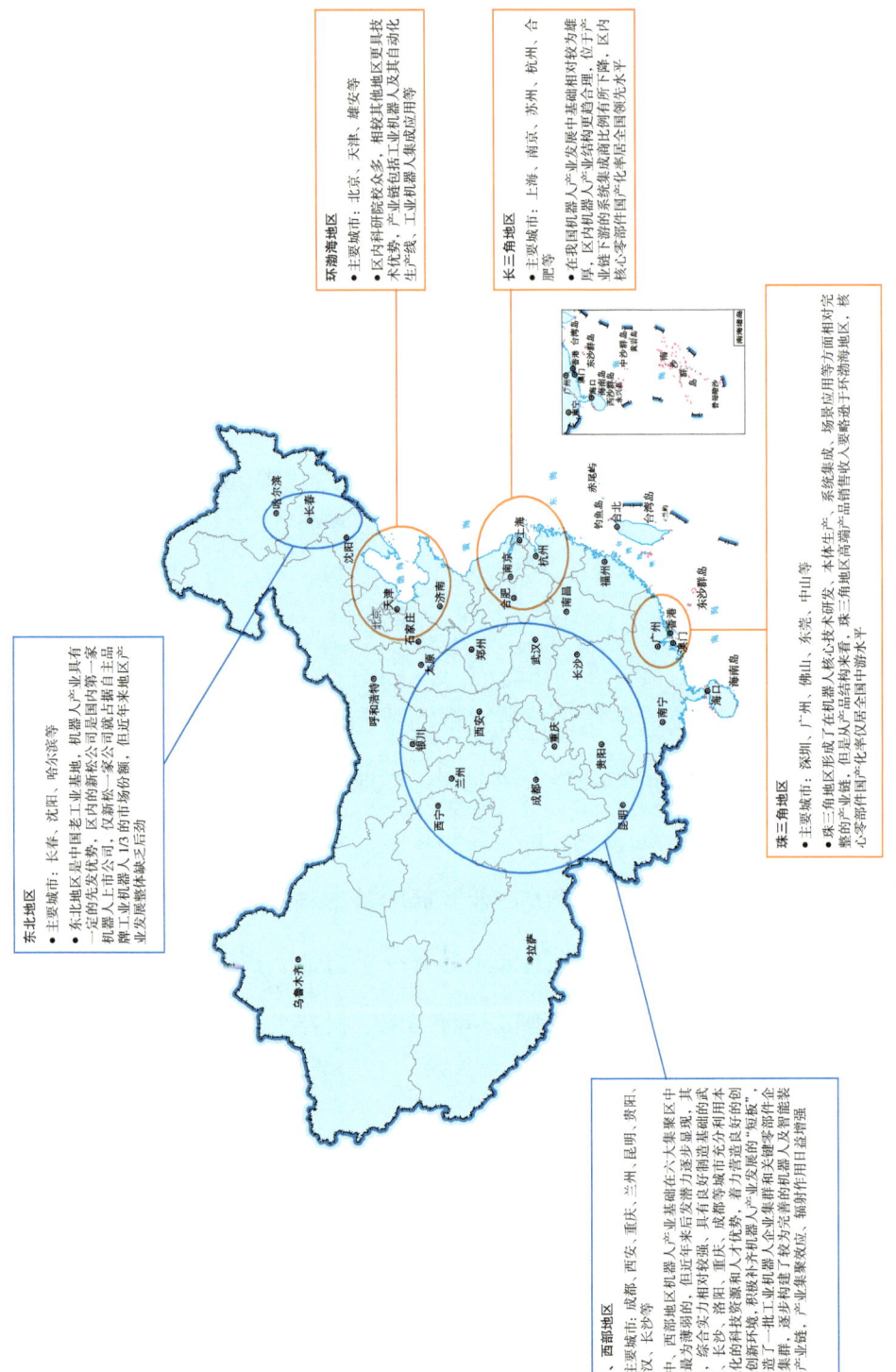

图 3-4 中国智能机器人产业分布

3.1.3　领导厂商分布概况

我国智能机器人领导厂商主要分布在长三角地区、珠三角地区、环渤海地区、东北地区。其中，长三角地区领导厂商主要集中在上海、杭州、南京、苏州等地，包括新时达、埃夫特、埃斯顿、擎朗智能、科大智能、微创机器人、南京熊猫、绿的谐波、南通振康、双环传动等；珠三角地区领导厂商主要集中在广州、深圳、东莞、珠海等地，包括汇川技术、固高科技、优必选、大疆、广州数控、瑞松科技、明珞装备、拓斯达、美的、格力智能装备、昊志机电、大族机器人、越疆、珠海飞马等；环渤海地区领导厂商主要集中在北京、天津、济南等地，包括天智航、遨博机器人、云迹科技、石头科技、小胖机器人、天津朗誉、济南翼飞等；东北地区领导厂商主要集中在哈尔滨、沈阳等地，包括新松机器人、博实股份、思哲睿等（图3-5）。

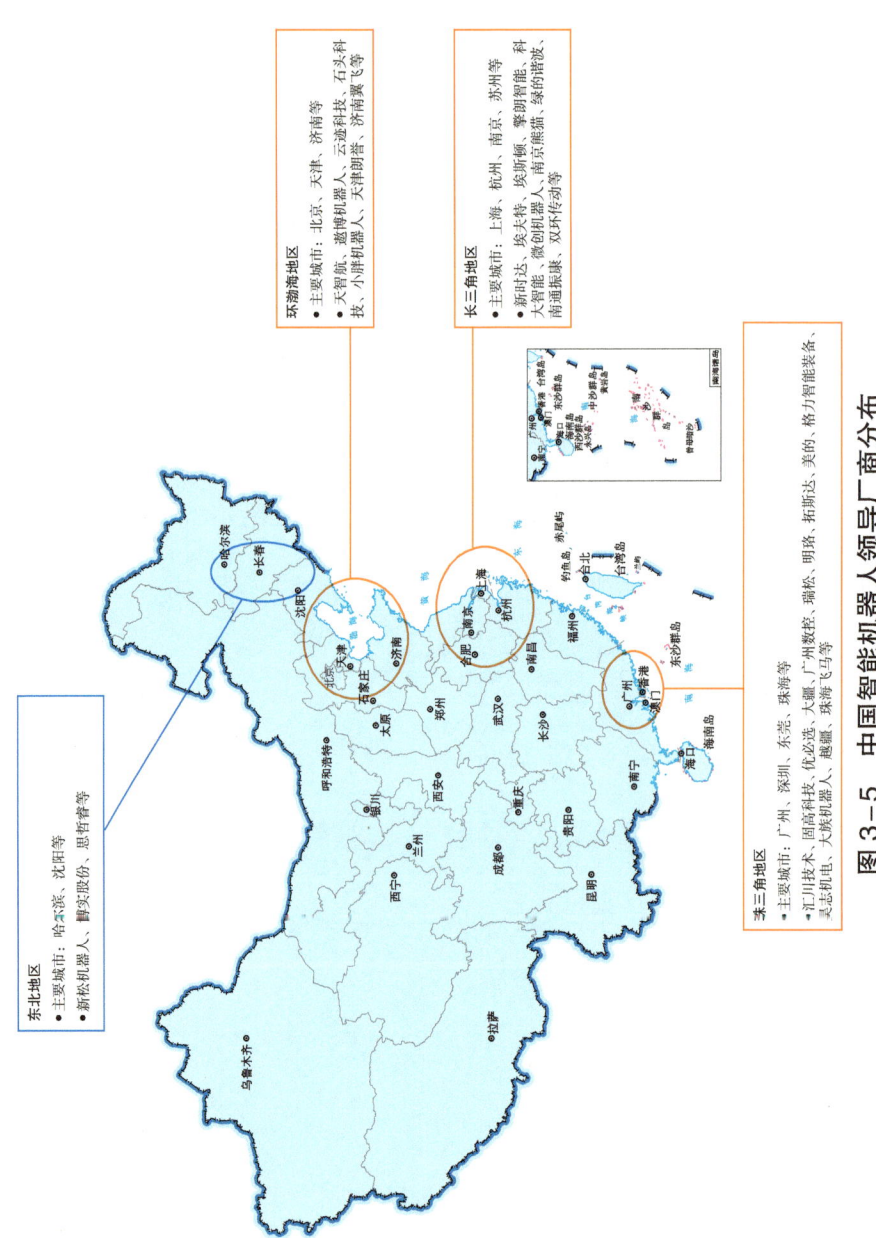

图 3-5 中国智能机器人领导厂商分布

3.2 中国智能机器人技术创新概况

3.2.1 中国智能机器人技术发展概况

1. 工业机器人：核心竞争力不断增强

关键零部件核心竞争力持续提升。目前，中国已将突破机器人关键核心技术作为重要工程，国内厂商攻克了精密减速器、控制器、伺服系统等关键核心零部件领域的部分难题，核心零部件国产化的趋势逐渐显现。以精密减速器为例，苏州绿的谐波传动科技股份有限公司研发基于三次谐波减速原理的 Y 系列谐波减速器产品，扭转刚度、传动精度大幅度提升，具有自主知识产权的核心技术体系加速构建；南通振康、双环传动、大族谐波传动、来福谐波等一批优秀企业，凭借持续的研发投入、较强的精密制造能力、严格的质量管控及不断完善的产品体系，成为引领国内精密减速器市场发展的先行军。在伺服系统、控制器方面，汇川技术、华中数控、固高自动化等企业迈入批量生产阶段，加速实现国产机器人的应用和替代。

机器视觉提高机器人作业精准度。伴随着机器视觉技术的发展与成熟，机器人对于复杂外界环境的感知能力大幅提升，处理实际问题的自主性、稳定性、可靠性大幅提高。机器视觉大幅提高了工业生产中的柔性和自动化程度，提升和保证了生产的质量，在测量、引导、检测等场景中具有极高的应用价值。例如，中科新松将机器视觉与协作机器人相结合，通过深度学习算法对多传感器收集到的信息进行有效处理和整合，为协作机器人作业提供稳定持续的 3D 视觉柔性化定位，在鞋底涂胶应用场景中，保证了精准提取不同鞋型的边缘轮廓，实现不同鞋型生产过程中随意切换作业，降低了客户成本。

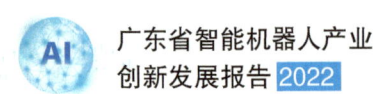

工业机器人向复杂精密场景渗透。工业机器人在融入了柔顺力控特性后更加柔性化，可实现更高精度、更强灵敏性的应用，在装配、研磨、铆接等复杂精密场景中加快普及应用。重庆华数针对3C产品推出精密加工机器人，该工业机器人配备自主研发的高性能伺服电机和控制技术，重点突破笔电全制程典型工序应用，建立以打磨、涂胶及装配为代表的复杂应用，实现全制程机器人生产及立体库全套自动化工厂应用。

2. 服务机器人：创新产品不断落地推广

技术融合发展创新活跃。中国在人工智能、5G等新一代信息技术领域取得了一系列国际领先成果，机器人与信息技术的融合日渐深入，大幅提升了感知、计算、执行能力，使其更加智能化、精准化和柔性化，更能满足应用场景中的性能需求。例如，北京梅卡曼德将深度学习、3D视觉等前沿技术与机器人深度结合，为制造、物流等行业客户提供拆垛、无序工件上料、缺陷检测、尺寸测量等先进的机器视觉解决方案。北京柏惠维康将5G技术应用于手术机器人，产品已进入市场推广阶段。近期浙江大学医学院附属第二医院神经外科团队成功实施5G远程睿米神经外科手术机器人辅助脑内血肿清除术，标志着5G数字化神经外科空中手术室的成功搭建。

应用场景不断深化下沉。近些年服务机器人在医疗、公共服务等场景中不断深耕，加之疫情期间"非接触"服务需求的爆发式增长，推动服务机器人产业形成更多真实的市场需求。在医疗领域，临床应用日益活跃，构建了较为完整的产品体系，天智航基于提升机器操作的便捷性与人性化程度，在天玑1.0的基础上推出天玑2.0；大艾根据患者在康复早、中、晚期不同的实际需求，丰富医疗康复机器人产品矩阵，提升康养效率；以术锐、微创为代表的国内企业突破单孔手术机器人技术难点，补齐腔镜手术产品体系。在建筑领域，碧桂园旗下的博智林在研的建筑机器人及智能产品近50款，其中18款建筑机器人已投入商业化推广。

3. 特种机器人：复杂场景关键技术取得突破

特种机器人新产品涌现。随着集成设计技术、运动管理控制技术、传感器感知技术等关键技术的不断突破，以及人工智能、5G等新一代信息技术的融合应用持续深入，特种机器人加速应用于煤矿、深海、极地等场景，释放出巨大的生产和科研价值。在煤矿作业方面，中国矿业大学主持的掘进工作面机器人研究项目采用新工艺和新设计方案，可实现掘进、支护、锚固并行作业的无人化操作，掘支总效率提高约25倍以上。在深海作业方面，山东未来机器人开发的深海铺缆机器人具有国内首创的大水深智能作业能力，具备水底行走、悬浮机动、精准导航定位等技术，抗水流能力强，可在1500米深的海洋中进行人工无法完成的海底光缆、电缆、管道等铺设作业。在极地作业方面，山东国兴智能开发的履带式智能侦察机器人采用了具有自主知识产权的阻尼缓冲特性悬挂系统、高效减震防抖防滑抓地履带，在极端复杂环境中表现出良好的工作性能，已顺利参与完成第38次南极考察任务。在极端环境智能巡检方面，随着智能传感、精准控制、人工智能等技术的深度应用，智能巡检机器人功能不断改进、成本持续优化，产品市场普及加速推进，应用场景从常规巡检向智能抄表、线路监控、复杂环境检测等升级，带动行业数字化水平提升。例如，中信重工开发了具有高速运动系统的巡检机器人，采用智能化、模块化设计，能够对图像、声音、红外热像及温度、烟雾、多种气体浓度等数据进行智能采集、判定、记录与追溯，大幅度减轻作业人员的劳动强度。广东韶钢开发的高炉高压配电室机器人能将传统的无法复现记录和不能准确量化的人工感官信息，以数字化的图像实时归类存储，便于故障问题的查询、统计、判断，并代替人工实现对高炉高压配电室全天候自动巡检，大幅提高高压配电室的供电可靠性。

3.2.2 中国智能机器人创新能力概况

从专利的视角展开中国智能机器人创新分析,根据 IncoPat 专利数据库对中国智能机器人领域专利进行检索,截至公开日 2022 年 11 月 1 日,共检索到公开国为中国的相关专利 295 174 件。

1. 专利分布概况

根据 IncoPat 专利数据库,2002—2021 年,我国智能机器人的专利公开量呈逐年增长趋势,前 5 年仅有少量专利被公开,年均专利公开量低于 500 件,持续增长的过程中在 2016 年达到增速峰值 66.85%。2019 年,我国智能机器人专利公开量的增速减缓巨大,从 2018 年 58.34% 的增速减缓至 2019 年 7.08% 的增速,但近两年增速有所回增(2020 年增速 20.60%,2021 年增速 19.14%)。整体来看,我国智能机器人技术的发展情况与全球范围内该技术的发展情况较为一致(图 3-6)。

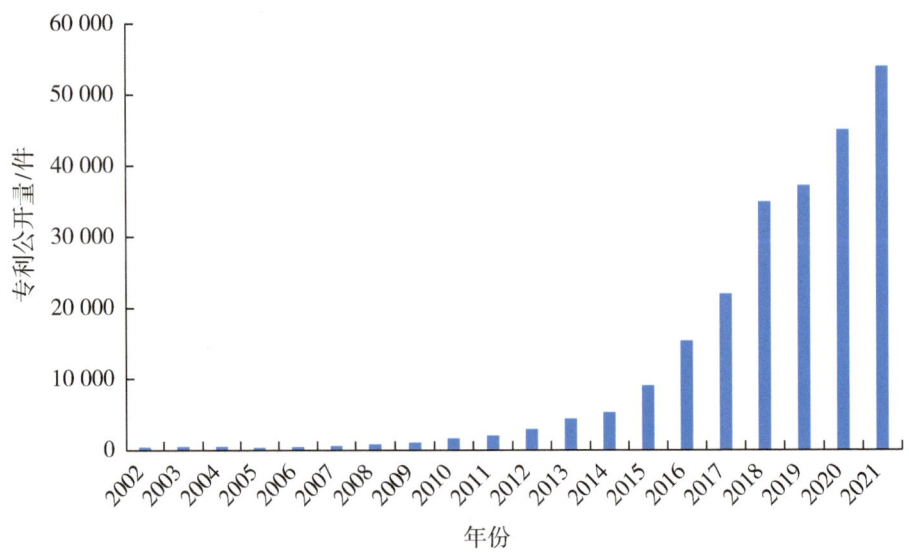

图 3-6 中国智能机器人专利公开量态势

由于专利具有地域保护性,因此各机构不同的专利申请地区均与其战略性的业务开展相关。从图3-7中可以看出,我国在海外市场对智能机器人的主要技术布局占比约1.4%,一定程度上反映在该领域我国机构多聚焦于国内的竞争市场。

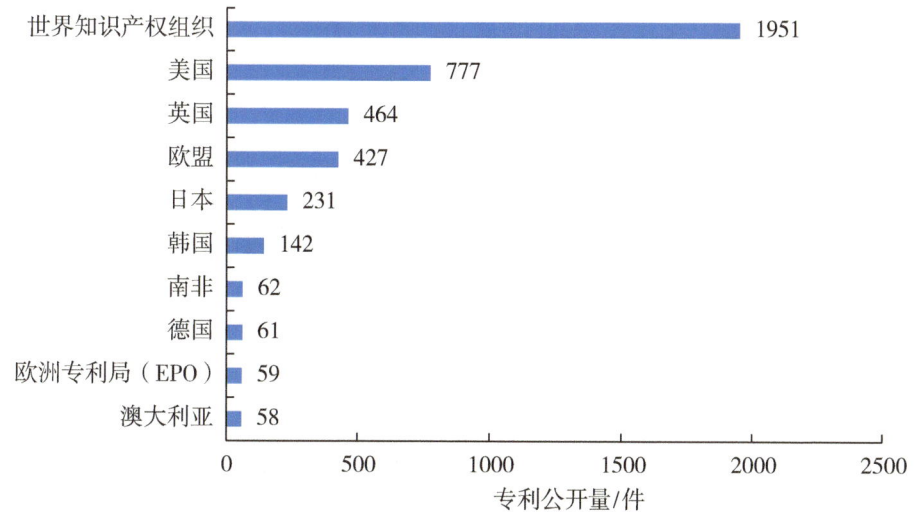

图3-7 中国智能机器人海外专利申请地区分布

海外市场的技术布局中,前3位分别为:世界知识产权组织(WIPO)、美国、英国。在WIPO申请的专利占比46.1%,在美国申请的专利占比近20%,在欧盟申请的专利占比超10%。结合图3-8,我国智能机器人海外专利公开量的趋势情况为:①WIPO渠道的专利公开量自2016年开始有显著增长,2019年出现小幅度下降,2021年出现骤增,整体呈波动增长趋势。②在美国申请的专利公开量整体呈增长趋势。③在英国、欧盟、日本申请的专利公开量波动增长幅度均较小。

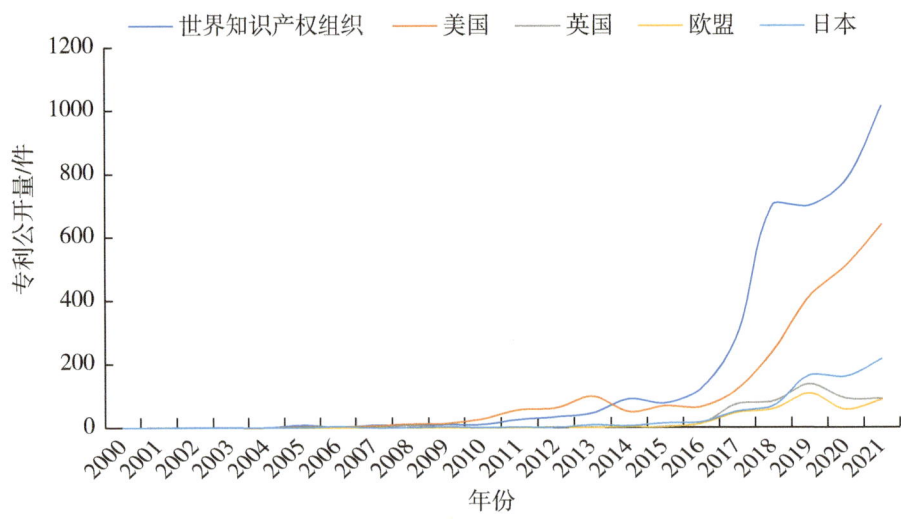

图 3-8　中国智能机器人海外专利公开量趋势分析

2. 各省份创新格局分布

从图 3-9 可见，国内大部分智能机器人专利申请来自于广东、江苏、北京、浙江和上海，5 地共计占全国智能机器人专利申请量的 59.87%。其中，广东省专利申请量为 60 562 件，遥遥领先于其他省份。

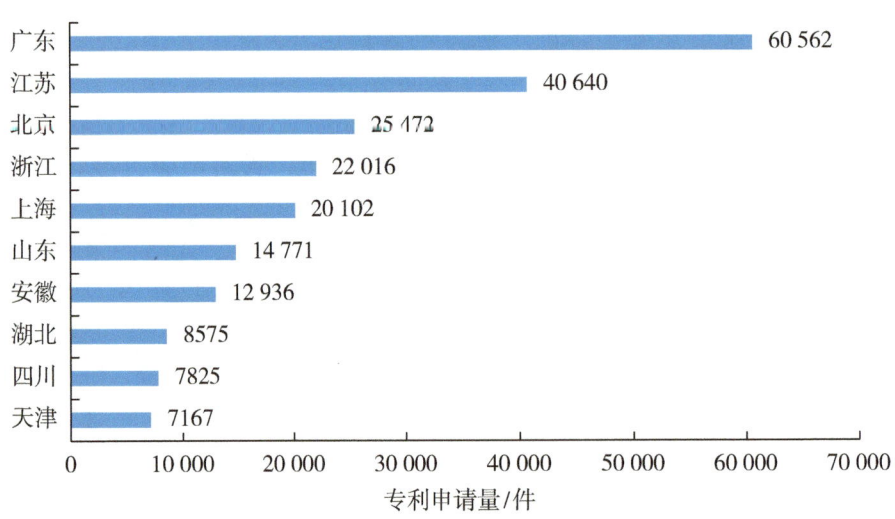

图 3-9　国内主要省份智能机器人专利申请量

从国内主要省份智能机器人专利申请趋势（图3-10）可见，我国智能机器人产业以2013年为分界，此前产业总体处于萌芽期，相关专利申请量不多，此后专利申请量快速增长。其中，广东省相关专利申请量增长尤为明显，专利申请量在2015年超过江苏省，至今保持全国第一。

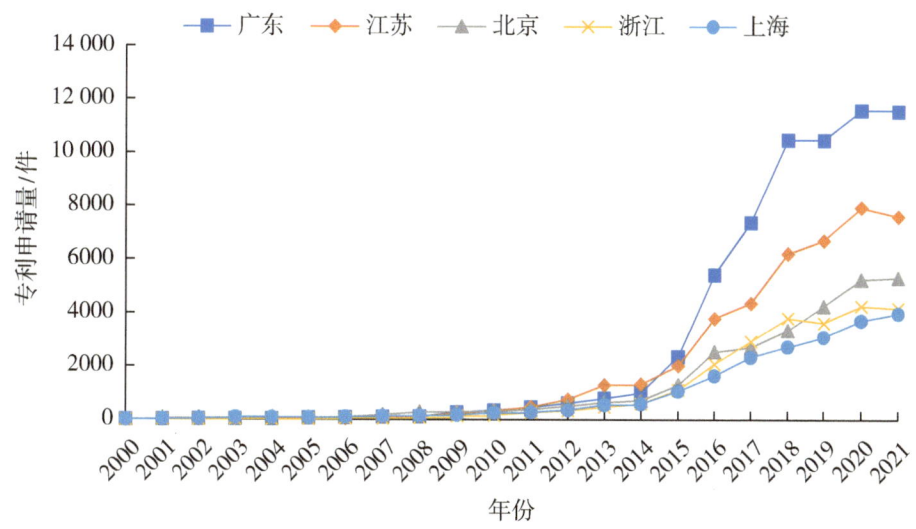

图3-10 国内主要省份智能机器人专利申请趋势

3. 专利技术功效分析

对我国智能机器人专利技术功效趋势进行分析，排名前五的技术功效为"效率提高""复杂性降低""便利性提高""稳定性提高""成本降低"，表明上述5个方面是目前研究的主要方向。从各技术功效趋势可知，提高效率是近年研究最集中的方向，复杂性降低和成本降低的关注度有所下降（图3-11）。

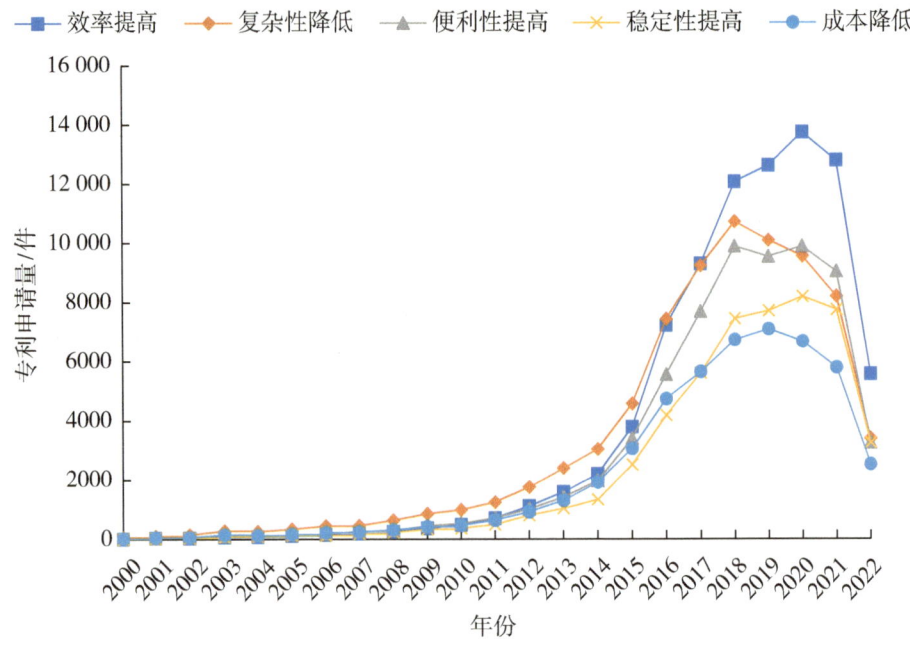

图 3-11 我国智能机器人专利技术功效趋势

3.2.3 技术发展最新动态

1. 前沿技术

（1）中国科学院研究团队开发高识别准确率的机器人手指

2022年8月5日，中国科学院的一组研究人员在 *Science Advances* 期刊中发表了他们最新的研究成果——能够以90%的准确率识别所有表面材料的机器人手指。该机器人手指通过将小型方形传感器应用于手指形物体的尖端来创建，当手指接触各种平坦表面，如由玻璃、木材、塑料和硅制成的表面时，其识别材料的平均准确率高达96.8%。该机器人手指可用于产品指标合规检测，以及全尺寸人类机器人的开发，实现该手指涉及的技术未来可应用于触觉恢复场景下的假肢设备生产。

（2）浙大开发的微型空中机器人完成自主编队飞行

2022年5月5日，浙江大学控制科学与工程学院联合湖州研究院团队攻克了未知复杂环境下机器人单机与群体的智能导航与快速避障等一系列核心技术，该款新型机器人在仅使用机载视觉、机载计算资源的情况下，实现了在野外树林复杂环境下感知周围障碍物、确定自身位置、生成飞行路径，以及多智能体通信等多项关键技术突破，研究成果刊登在机器人领域权威期刊《科学·机器人》（Science Robotics）上。未来，在火灾等搜救场景中，小型集群机器人能够更好地实现搜救目标，减少搜救人员风险；在地形勘探中，小型集群机器人也可以快速对人员无法到达的区域进行建模。

（3）哈尔滨工业大学（威海）机器人研究所研制出微波驱动多自由度机器人

2022年9月，哈尔滨工业大学（威海）机器人研究所软体机器人实验室研制的直接利用微波驱动的机器人成功面世，为机器人驱控提供了一种全新的方式。威海校区机器人研究所软体机器人实验室自2019年启动利用微波直接驱动机器人的研究，历经3年终于探索出微波驱动和控制器件变形的基本原理，研制出直接利用微波驱动的机器人。该机器人不仅可以直接利用微波驱动，还实现了多自由度机器人的末端轨迹控制，从而赋予机器人一种新的驱控方式，使其可以应用在其他驱动方式尚不能胜任的一些特殊场景，如封闭非透明结构体内部的变形控制、微波消融治疗与机器人的联合工作等。

（4）广东工业大学智能检测与控制研究团队在飞行双足机器人方面取得最新进展

2022年1月，广东工业大学智能检测与控制研究团队在飞行双足机器人方面取得最新进展。该机器人在控制系统和控制算法上进行了大幅度的提升，可以通过本身的姿态传感器和动作捕捉系统的位置信息反馈，在新的控制方法的帮助下，借助脚掌处的涵道风机进行矢量推进控制，成功在空中实现了定点定高的悬停飞行，并维持在20 s以上。该成果为后续机器人进行复杂环境下的空中机动飞行及复杂地形的起降提供了基础。广工大的Jet-HR2是目前世界上质量（17 kg）和体形最大并实现可控悬停飞行的双足机器人。该机器人目前所有的动力全部由电池提供，并搭载在机器人上。Jet-HR2与目前国际前沿的其他机器人在方案上的最大不同点在于其推力布局，机器人在脚掌上布局了涵道风机作为主要推进装置，并通过矢量推进控制方式实现空中姿态机动。这一设计相比其他方案，具有更高的空中机动能力，尤其是在低推重比的条件下。

（5）中国科学院沈阳自动化研究所微型机器人研究获进展

超疏水微型机器人可以在外界刺激下在水面上高效游动，围绕这一现象科学家展开研究，探索这一特性在相关领域的应用前景，如细胞操作、净化水源等。然而，目前大部分对超疏水微型机器人的研究均是围绕单一刺激的驱动模式，使得超疏水微型机器人的运动和功能在复杂的水环境中受到限制。2022年12月，针对这一问题，中国科学院沈阳自动化研究所微纳米课题组科研团队开展了创新性研究，利用模板辅助法研发出多刺激响应超疏水微型机器人，其中超疏水的作用减少了水对微型机器人的阻碍。该微型机器人内部具有感知红外光和磁场的单元，可以储存化学试剂，使其可在光场、磁场等的控制（即多场驱动）下在水面快速游动。基于多刺激响应特性，在多场联合控制下，该微型机器人实现了协同配合操作。

（6）北京航空航天大学仿生机器人研究团队在跨介质吸附仿生机器人领域取得新进展

2022年5月，国际顶级期刊《科学·机器人》（Science Robotics）报道了北京航空航天大学机械工程及自动化学院仿生机器人研究团队在跨介质吸附仿生机器人领域取得的新进展。这种跨介质吸附仿生机器人能从水里"飞"到空中，是一种跨水空的无人航行器,为未来的高性能跨介质无人系统提供了新的思路,成果发布后登上 Science 官网图片头条。机器人在高度非结构化环境中的应用,如进行多地形观测、多介质作业、多环境探查等,对机器人快速跨介质运动(扩大工作范围)和高效暂栖(延长工作时间)的能力有着广泛的潜在需求。相比于传统的飞行机器人,跨介质吸附仿生机器人可长时间工作,并同时覆盖水下和空中的运动范围,这在探索基础科学问题,研制具有潜在用途的高性能跨域航行器方面具有重要意义。

2. 最新产品

(1) 腾讯正式发布 Max 二代机器人

2022 年 8 月 8 日,腾讯正式发布 Max 二代机器人,Max 是由腾讯 Robotics X 实验室自研的多模态四足机器人,采用原创的腿轮一体的本体设计,相比"第一代"Jamoca,Max 在视觉感知、轨迹规划、运动控制等方面实现了技术创新,能够在梅花桩上完成旋转踏步、单桩跳跃、双轮站立等高难度动作,且过桩速度提升了 4 倍。在腾讯 Robotics X 实验室为 Max 设置的测试场景中,Max 可快速通过一个长 10 米、高 0.8 米(约为 Max 身高的 2 倍)且高低起伏的梅花桩阵列。

(2) 商汤科技发布"元萝卜 SenseRobot"AI 下棋机器人

2022 年 8 月 9 日,领先的人工智能软件公司商汤科技召开新品发布会,重磅推出其首个家庭消费级人工智能产品——"元萝卜 SenseRobot"AI 下棋机器人。基于商汤科技原创的"AI 黑科技","元萝卜 SenseRobot"AI 下棋机器人可以做到"手眼协同",实现毫米级的操作精准度,保证在下棋对弈过程中运行顺畅和落子准确。不仅如此,它还"满腹经纶",得到国家体育总局棋牌运动管理中心、中国象棋协会的权威认证和授权,为用户提供专业课程,并实现足不出户就能完成 16 级至 13 级的官方象棋考级评测,获得专业证书。

（3）小米发布全尺寸仿生机器人 CyberOne

2022 年 8 月 11 日晚，小米正式发布首个全尺寸人形仿生机器人 CyberOne，其身高 177 cm，体重 52 kg，艺名为"铁大"，其智能与机械能力全部由小米机器人实验室自研。人形机器人被认为是智能机器领域技术集成度最高、难度最大的挑战。CyberOne 采用了多种技术，能感知 45 种人类语义情绪，分辨 85 种环境语义；搭载小米自研全身控制算法，可协调运动 21 个关节；配备了 Mi Sense 视觉空间系统，可三维重建真实世界；全身由 5 种关节驱动，峰值扭矩 300 Nm。

（4）国内首个地下连续墙钢筋笼焊接机器人让焊接效率提升三成

2022 年 8 月，上海建工机施集团凭借地下围护施工领域深厚的技术积累，成功研发了国内首个具有实用性的地下连续墙钢筋笼焊接机器人。机器人长 2 米、宽 9 米、高 2.5 米，设有 6 把焊枪，可独立工作，可以自动横向、竖向移动，定位焊点。其在上海轨道交通市域线机场联络线 6 标工程进行了试验性应用，让焊工数量减少了 50%，效率提高了 30%，验证了机器人上岗的可行性。

3.3 中国智能机器人产业重大事件

3.3.1 中国智能机器人收购、并购事件

2016—2021 年是中国机器人快速发展的时期，在工业转型升级、政策大力扶持、资本不断涌入、企业争相发力等多重利好因素的影响下，国内机器人市场正迎来井喷期，中国机器人产业已经在全球占据重要地位。

2016—2020 年，中国企业在机器人领域集体发力，海外收购或参股重大事件主要包括美的收购机器人四大家族之一德国库卡（KUKA）、中国化工收购德国智能装备和解决方案供应商克劳斯玛菲（KraussMaffei）、浙江万丰并购美国焊接机器人应用系统服务商帕斯林（Paslin）、汉德资本收购意大利吉玛泰克

（Gimatic），沈阳蓝英集团收购德国杜尔 Ecoclean，埃夫特收购或投资意大利金属加工领域的高端机器人系统集成商 EVOLUT、中高端汽车白车身焊接系统集成商 WFC 集团、运动控制系统设计公司 ROBOX。

2021 年，ABB、宝马、亚马逊等超过 11 家国际巨头企业入局移动机器人行业，国内巨头也不甘示弱，纷纷布局移动机器人行业。美团通过发行可转债和配售股份的方式募资百亿美元加码无人车、无人机配送等前沿技术领域的研发。字节跳动出资 200 万元入股大扬智能科技（该公司为炬星科技关联公司），同时关联公司北京量子跃动科技入股深圳未来机器人。宁德时代认购先导智能发行的特定股票，持股 7.15%，成为公司第二大股东。饿了么出资 16.4 万元入股擎朗智能，成为该公司第五大股东。森麒麟出资 2100 万元入股青岛科捷机器人，加码智慧物流。

3.3.2　中国智能机器人 IPO 情况

① 2019 年 5 月 31 日，迈赫机器人自动化股份有限公司创业板首次公开发行股票。

② 2019 年 11 月 7 日，证监会批复同意江苏北人机器人系统股份有限公司首次公开发行股票注册。

③ 2021 年 9 月 7 日，证监会批复同意杭州凯尔达焊接机器人股份有限公司首次公开发行股票注册。

④ 2021 年 11 月 2 日，自带微创系光环的上海微创医疗机器人（集团）股份有限公司在香港联合交易所主板挂牌上市。

⑤ 2021 年 11 月 3 日，证监会批复同意迈赫机器人自动化股份有限公司首次公开发行股票注册。

⑥ 2022 年 1 月 10 日，医达健康向港交所递交招股书，拟在香港主板上市，公司为创新精准外科智能解决方案的先行者。

⑦ 2022 年 4 月 19 日，杭州景业智能科技股份有限公司科创板完成申购，发行价格 32.89 元，景业智能的主营业务是核工业智能装备和系列机器人，这意味着中国首个核工业机器人企业登陆科创板。

⑧ 2022 年 6 月 10 日晚间，海康威视披露分拆上市预案，公司拟将控股子公司杭州海康机器人技术有限公司整体变更为股份有限公司，之后分拆至深交所创业板上市。

3.3.3　中国智能机器人融资情况

近 10 年我国智能机器人赛道共发生融资事件 2661 起，总融资金额超 1385 亿元。2014 年，智能机器人赛道的融资活动开始活跃，共发生融资事件 125 起，总金额超过 8 亿元。到了 2016 年，融资事件呈井喷状态，共 519 起，随后逐年递减。2017 年共发生融资事件 501 起，总金额约 524.7 亿元，成为 10 年来融资总金额最高的一年。2017—2018 年智能机器人赛道巨额融资 11 起，其中 9 起在服务机器人领域内，如此能够看出资本市场对服务机器人产业的热切。

2020 年，我国共发生融资事件 242 起，总金额约为 267.7 亿元。其中融资上亿元的事件共 67 起，微创医疗机器人以 30 亿元的融资额度位列榜首，其后还有极智嘉、快仓智能、丰疆智能等，经 OFweek 机器人网统计发现，仅前十大融资事件，总融资额就超过了 70 亿元。2020 年工业机器人融资 30 起，披露总金额超过 14.6 亿元。从 2020 年智能机器人赛道的融资细分领域来看，工业机器人（特指狭义上的重工业制造类机器人，下同）拿到的融资笔数最多，占比为 33%，其次是物流机器人、医疗机器人，占比分别为 22%、16%。2020 年共计 64 个项目融资过亿元，微创医疗夺榜首。

2021年，中国智能机器人赛道累计发生融资事件210起。其中，天使轮融资14起、A系列融资74起、B系列融资62起、C系列融资30起、D系列融资7起、拟IPO及IPO上市4起，总金额超200亿元。在2021年中国智能机器人领域新增的融资事件中，获得融资的企业主要集中在新兴技术及应用（45家）、人工智能（11家）、健康医疗（5家）、硬件（5家）领域，其他领域获得融资的企业共计10家。从2021年智能机器人领域融资数量类别分布来看，整体发展均衡，主要融资方向分为工业机器人、服务机器人、特种机器人，以及机器人解决方案、技术、零部件四大类。其中，工业机器人发生融资事件最多，总数为47起，占比为28.31%；机器人解决方案、技术、零部件紧追其后，发生融资事件45起，占比为27.11%；特种机器人作为专项领域不可或缺的产品，位居第三，占比为23.49%；消费端最为关注的服务机器人发生融资事件数量列于队末，占比为21.08%。投资方更偏向具有中高端技术门槛的领域，如机器视觉、医疗机器人、移动机器人、核心软硬件及工业互联网等。具体来看，优艾智合、节卡、越疆科技、精锋医疗、黑湖智造、木蚁机器人、海柔创新、坎德拉科技、唯迈医疗、艾利特机器人、普渡科技、珞石机器人、灵动科技、蓝芯科技、高仙机器人、长木谷、鲸仓科技、康诺思腾、丰疆智能等企业均完成了超1亿元的大额融资。

3.4 中国智能机器人发展政策概况

自2016年起，国家层面发布多项政策，支持智能机器人产业发展，增强制造业竞争优势，推动制造业高质量发展。《中国制造2025》明确将机器人作为重点发展领域。《中华人民共和国国民经济和社会发展第十四个五年规划和2035年远景目标纲要》提出，深入实施制造强国战略，推动制造业优化升级，深入实施智能制造工程，培育先进制造业集群，推动机器人等产业创新发展。工业和信息化部等15个部门联合发布的《"十四五"机器人产业发展规划》提出，到2025年，我国成为全球机器人技术创新策源地、高端制造集聚地和集成应用新高地，一批机器人核心技术和高端产品取得突破，整机综合指标达到国际先进水平，关键零部件性能和可靠性达到国际同类产品水平。

重点省份近些年相继出台了多项扶持政策，重点从财税、资金、人才、技术、金融、规划、法规、产权保护等方面支持产业发展，将智能机器人技术列入"十四五"相关重要规划进行系统布局（表3-1）。

表3-1 中国（除广东外）部分智能机器人相关政策

序号	发布时间	所属	政策名称	政策要点
1	2023年	工业和信息化部、教育部等17个部门	《"机器人+"应用行动实施方案》	加快推进机器人应用拓展，开展"机器人+"应用行动，为经济社会发展注入强劲动能
2	2022年	人力资源社会保障部	《关于对拟发布机器人工程技术人员等职业信息进行公示的公告》	拟发布机器人工程技术人员等18个新职业信息，涵盖各职业的名称、定义、主要工作任务
3	2022年	工业和信息化部办公厅、市场监管总局办公厅	《关于开展2022年度智能制造标准应用试点工作的通知》	优先试点已发布、研制中的国家标准，配套应用相关行业标准、地方标准、团体标准和企业标准，形成一批推动智能制造有效实施应用的"标准群"
4	2021年	国务院	《中华人民共和国国民经济和社会发展第十四个五年规划和2035年远景目标纲要》	深入实施智能制造工程，推动机器人等产业创新发展；培育壮大人工智能、大数据等新兴数字产业，在智能交通、智慧物流、智慧能源等重点领域开展试点示范
5	2021年	国务院办公厅	《关于推动公立医院高质量发展的意见》	推动手术机器人等智能医疗设备和智能辅助诊疗系统的研发与应用

续表

序号	发布时间	所属	政策名称	政策要点
6	2021年	工业和信息化部等15个部门	《"十四五"机器人产业发展规划》	到2025年，机器人产业营业收入年均增速超过20%。形成一批具有国际竞争力的领军企业及一大批创新能力强、成长性好的专精特新"小巨人"企业，建成3~5个有国际影响力的产业集群。制造业机器人密度实现翻番
7	2021年	工业和信息化部等8个部门	《"十四五"智能制造发展规划》	建成500个以上引领行业发展的智能制造示范工厂；智能制造装备和工业软件市场满足率分别超过70%和50%，培育150家以上专业水平高、服务能力强的智能制造系统解决方案供应商
8	2020年	国务院办公厅	《关于2019年国民经济和社会发展计划执行情况与2020年国民经济和社会发展计划草案的报告》	加快智能制造、无人配送、医疗健康、机器人等新兴产业发展
9	2020年	国家发展改革委、工业和信息化部、科技部、财政部	《关于扩大战略性新兴产业投资 培育壮大新增长点增长极的指导意见》	重点支持工业机器人、建筑医疗等特种机器人、高端仪器仪表、轨道交通装备、高档五轴数控机床、节能异步牵引电动机、高端医疗装备和制药装备、航空航天装备、海洋工程装备及高技术船舶等高端装备生产，实施智能制造、智能建造试点示范
10	2019年	国家发展改革委	《产业结构调整指导目录（2019年本）》	重点鼓励发展人机协作机器人、双臂机器人、弧焊机器人、重载AGV、专用检测与装配机器人集成系统等产品，以满足我国量大面广制造业转型升级的需求
11	2019年	工业和信息化部等	《制造业设计能力提升专项行动计划（2019—2022年）》	重点突破系统开发平台和伺服机构设计，多功能工业机器人、服务机器人、特种机器人设计等

续表

序号	发布时间	所属	政策名称	政策要点
12	2022年	北京市	《北京市数字消费能级提升工作方案》	支持智能取餐柜、智能快递柜等智能服务终端布局，加快无人车、服务机器人示范
13	2022年	北京市	《关于加强新时代首都老龄工作的实施意见》	强化科技支撑，加快智能服务机器人的研发和推广应用
14	2022年	北京市	《北京市全民科学素质行动规划纲要（2021—2035年）》	实施乡村振兴科技支撑行动，推出农业智能机器人系统。推动区域协同发展，借助世界机器人大会等重大活动机遇，促进科普与文化、旅游深度融合，形成"看创新，到北京"的科技文化旅游形象
15	2022年	北京市	《关于应对新冠肺炎疫情影响促进本市先进制造业平稳运行的若干措施》	加快新型基础设施布局建设。推动人工智能、5G等新一代信息技术和机器人等高端装备与工业互联网融合应用，培育20个以上具有全国影响力的系统解决方案提供商，形成服务京津冀、辐射全国产业转型升级的工业互联网赋能体系
16	2022年	北京市	《2022年市政府工作报告重点任务清单》	北京经济技术开发区围绕新一代信息技术、高端汽车和新能源智能汽车、生物技术和大健康、机器人和智能制造等四大主导产业，承接"三城"150项以上重大科技成果落地转化
17	2021年	上海市	《上海市高端装备产业发展"十四五"规划》	推动工业机器人升级，发展应用于加工等场景的高精度工业机器人，突破具备柔性交互与高仿人化特征的6轴及以上协作机器人与自适应机器人
18	2021年	上海市	《浦东新区机器人产业高质量发展三年行动计划（2021—2023年）》	将浦东建设成为具有全球影响力的国内顶级的机器人产业发展高地，推动构建新的产业空间载体，加快机器人产业链企业引入和培育

续表

序号	发布时间	所属	政策名称	政策要点
19	2021年	上海市	《上海市战略性新兴产业和先导产业发展"十四五"规划》	研发基于自主决策视觉控制器的智能工业机器人；推动智能服务机器人的研发与产业化，突破模态情感计算和语义识别技术，研制服务机器人分布式操作系统，推动类人教育机器人实现产业化；布局研发微尺度手术机器人、单孔内窥镜手术机器人、康复干预与辅助机器人、纳米机器人等智能医疗机器人
20	2020年	上海市	《关于推动生物医药产业园区特色化发展的实施方案》	加快手术机器人、护理机器人以及康复机器人等在各个医疗环节应用场景的延伸，打造国际一流的医疗机器人产业生态
21	2018年	上海市	《宝山机器人及智能硬件产业发展专项支持政策》	通过"区域+产业+创新"的叠加政策，引导机器人及智能硬件产业向"上海机器人产业园"集聚，加快推进机器人及智能硬件技术和应用创新
22	2021年	浙江省	《浙江省高端装备制造业发展"十四五"规划》	面向先进制造需求，重点发展工业机器人及机器人系统、消费服务领域机器人、特种机器人等，推进机器人关键核心部件工程化攻关，以及机器人关键共性技术攻关
23	2020年	浙江省	《关于加快发展康复辅助器具产业的实施意见》	要发挥产业投资基金作用，鼓励以股权投资等方式重点推动增材制造、高新材料、智能车间、机器人等技术应用，扶持照护康复机器人、外骨骼机器人、仿生假肢、虚拟现实康复训练设备等高智能、高科技、高品质康复辅助器具的研发
24	2017年	浙江省	《浙江省"机器人+"行动计划》	加快在制造、物流、健康、服务、农业和特殊领域等6个领域的机器人应用

续表

序号	发布时间	所属	政策名称	政策要点
25	2021年	江苏省	《江苏省"十四五"制造业高质量发展规划》	以人机协同控制和智能感知为方向，重点发展面向脑卒中患者和失能老年人的康复机器人和护理机器人、面向微创手术的实时影像引导手术机器人、面向消化系统重大疾病诊断的胶囊机器人，支持发展基于5G的远程康复、远程手术、远程诊断的医用机器人系统，支持手术机器人、智能康复服务机器人、微型诊断机器人等医用机器人关键核心技术加快突破
26	2018年	江苏省	《江苏省机器人产业发展三年行动计划（2018—2020年）》	形成一批机器人重点领军企业、知名品牌和特色产业基地。建成一批国家级和省级机器人研发创新平台和测试公共服务平台，机器人用精密减速器、伺服电机及驱动器、控制器的性能、精度、可靠性达到国际同类产品水平
27	2021年	湖北省	《湖北省装备制造业"十四五"发展规划》	围绕机器人在各行业应用场景中快速增长的需求，开展整机、部件、集成应用等机器人关键共性技术攻关，加快推动机器人行业应用场景示范，以自动化生产线、数字车间、智能工厂整体设计方案的应用为核心，牵引机器人产业链发展
28	2014年	湖北省	《湖北省推动工业机器人产业发展实施意见》	湖北省每年将把工业机器人，包括整机和关键零部件研发及产业化、集成应用创新、公共服务平台建设等，纳入现有省级财政企业发展专项资金重点支持范围，并给予资金倾斜支持

续表

序号	发布时间	所属	政策名称	政策要点
29	2022年	湖南省	《湖南省装备制造业"十四五"发展规划》	推进装备产业基础高级化,加强共性技术研究、开展核心基础零部件攻关、加快发展装备工控软件、建设工艺协作配套服务体系等
30	2021年	山西省	《山西省"十四五"新装备规划》	围绕智能机器人、高端工业母机等4个领域,引进发展战略需求新装备,布局未来产业,抢占战略先机
31	2021年	山东省	《山东省中医药产业发展规划(2022—2025年)》	加快智能化脉诊仪、热敏灸治疗机器人、正骨手术机器人、颈腰椎病精准康复治疗设备、脑卒中智能康复装备、可穿戴式青少年近视防控设备等诊疗关键技术装备研发
32	2020年	山东省	《关于支持机器人产业加快发展若干政策措施的通知》	支持国内外知名高校院所、科研单位、重点企业在青岛市建设机器人产业技术研究院等研发平台。对重大事项可按照"一事一议"原则予以补助
33	2022年	辽宁省	《辽宁省先进装备制造业"十四五"发展规划》	重点发展工业机器人、移动机器人、洁净机器人、服务机器人、特种机器人等全系列产品及核心零部件,形成研发协同创新机制完善、企业梯度发展、产业链条完整的国内领先的机器人产业基地。到2025年,机器人产业实现收入200亿元,本地配套率达45%
34	2020年	辽宁省	《2020年省政府"重实干、强执行、抓落实"专项行动实施方案》	主要任务是"双百攻坚"任务(即100项重点工作任务和100个重大项目),"沈阳新松机器人未来城项目"榜上有名
35	2021年	四川省	《关于印发四川省推动公立医院实施方案的通知》	推动手术机器人等智能医疗设备和智能辅助诊疗系统的研发与应用

续表

序号	发布时间	所属	政策名称	政策要点
36	2021年	天津	《天津市智慧城市建设"十四五"规划》	推进人工智能应用场景建设。继续深化人工智能应用，以天津港无人驾驶电动集装箱卡车示范运行、中新天津生态城智慧交通C-V2X车路协同、高清晰三维成像机器人外科手术系统等示范应用为突破，稳步推进人工智能场景需求、产品和技术发布，重点解决人工智能示范应用中供需信息不对称、对接渠道不畅的问题
37	2021年	天津	《天津市促进智能制造发展条例》	鼓励工业母机、机器人等智能制造装备发展

第四章
广东省智能机器人产业规模及产业链分析

4.1 广东省智能机器人产业规模及技术水平

经过数十年的发展,广东省已成为国内最大的智能机器人产业聚集区,产业规模、企业数量均居全国首位,在智能机器人产业链各环节培育引进了一批龙头骨干企业和专精特新企业。进入 2022 年,随着后疫情时代全球经济逐步复苏,国内外汽车、3C 电子、医疗器械、食品包装、芯片等多个上下游产业市场需求持续释放,带动广东省智能机器人产业保持稳步增长,也为广东省智能机器人产业发展带来了新机遇。根据广东省工业和信息化厅数据,2021 年广东省智能机器人产业集群营业收入 533.9 亿元,同比增长 24.1%。其中,工业机器人制造产业营业收入 133.7 亿元,占比 25.0%,同比增长 30.5%;智能无人飞行器制造产业营业收入 282.9 亿元,占比 53.0%,同比增长 16.3%;服务消费机器人制造产业营业收入 110.8 亿元,占比 20.7%,同比增长 39.5%;特殊行业工业机器人制造产业营业收入 6.4 亿元,占比 1.2%,同比增长 32.6%(表 4-1)。2021 年广东省工业机器人累计产量 12.44 万台(套),占全国产量的 34.0%,自 2020 年首次超过上海市后连续两年保持全国第一,同比增长 56.5%,高出全国平均增速 11.6 个百分点,充分显现了广东省制造业转型升级的韧性和后劲(2021 年全国工业机器人产量 36.60 万台(套),同比增长 44.9%;上海市产量 7.17 万台（套），同比增长 34.6%，占全国产量的 19.6%，全国排名第二）。广东省服务机器人累计产量同比增长 41.5%。

表 4-1　2021 年广东省智能机器人产业集群营业收入分布

名称	营业收入/亿元	占比	增长率
智能机器人产业集群	533.9		24.1%
工业机器人制造	133.7	25.0%	30.5%
智能无人飞行器制造	282.9	53.0%	16.3%
服务消费机器人制造	110.8	20.7%	39.5%
特殊行业工业机器人制造	6.4	1.2%	32.6%

近年来，广东省智能机器人产业以市场应用为牵引，通过不断技术迭代创新，产品力和竞争力不断提升。例如，佛山华数聚焦机器人关键核心技术，除精密减速器外全部核心零部件均为自主研发，核心自主创新占比超 80%。广东嘉腾采用差速重载动力模组及控制策略，开发低底盘、全转向的重载 AGV 驱动装置，国内首创差速 20 吨 AGV 驱动单元。格力智能装备成功研制 600 kg 大负载工业机器人，亮相上海铸造博览会，实现汽车零部件焊接、冲压等市场零的突破。优必选在世界人工智能大会发布新一代大型仿人机器人 Walker X。广州数控自主研发的 GSK RB08A3-1490 工业机器人顺利通过了上海机器人产业技术研究院的 MTBF 70 000 小时测评。广州瑞松开发并发布国产工业设计仿真一体化软件。

同时，智能机器人在疫情防控、抢险救灾、江河湖库、农业等领域的应用场景进一步拓宽。2021 年 5—6 月广州疫情暴发期间，广州市部署服务机器人、无人机支援一线，构建物流配送、无人机高空喊话和应急物资配送、封闭小区测温消杀等应用场景。同年 9 月对接阿尔华、艾可、高新兴等机器人企业，协助白云国际机场做好疫情防控工作,并逐步推广至隔离酒店、其他城市机场等疫情防控压力较大的场景应用。2021年7月河南发生水灾,云洲智能调拨118台"海豚1号"水面救生机器人赴豫开展受困人员解救和物资运输工作,同时还推出两款便携式多波束测量无人船,面向江河湖库等场景提供水上水下高精度测绘、库容测量、建筑水下部分扫测和航道测绘等功能。羽人农业研发L30多功能农用无人机,实现打药、撒肥、播种、喷粉等农业应用场景。

综上,广东省智能机器人产业发展较快,聚集效应明显。工业机器人制造与智能无人飞行器制造产业市场占有率全国领先;服务机器人创新主体众多,技术创新活跃;特殊行业工业机器人制造和服务消费机器人制造产业应用场景不断扩展,产业规模高速增长,未来市场潜力巨大。

4.2 广东省智能机器人产业结构及企业数量分布

从产品类型来看,深圳服务机器人及特种机器人发展迅猛,广州、佛山、东莞以工业机器人零部件、集成应用为核心,而其他周边城市,如珠海、中山等智能机器人的研发应用能力相对较弱。据2021年广东省机器人协会重点调研的广东省58家智能机器人企业和其他企业的数据,工业机器人企业数量在各智能机器人企业类型中居于首位,占比高达57.3%,其次是服务机器人,企业数量占比为32.0%,特种机器人与无人机(船)企业数量占比则分别为6.7%与4.0%(图4-1)。

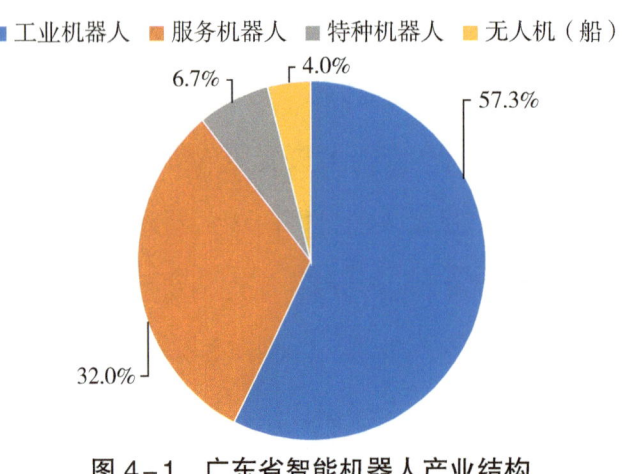

图 4-1 广东省智能机器人产业结构

(数据来源:广东省机器人协会)

广东省现有智能机器人企业主要集中在广州、深圳、佛山、东莞等珠三角地区,其中各市智能机器人产业聚集区分别是广州黄埔区、深圳宝安区和南山区、佛山顺德区、东莞松山湖,粤东西北地区占比非常少。经不完全统计,在企业数量方面,2021年广东省智能机器人领域已注册企业约有8万多家,其中广州有3万多家,占比约为39.5%,深圳占比约为32.4%。这两大核心城市占据广东省智能机器人企业数量超七成的份额(图4-2)。

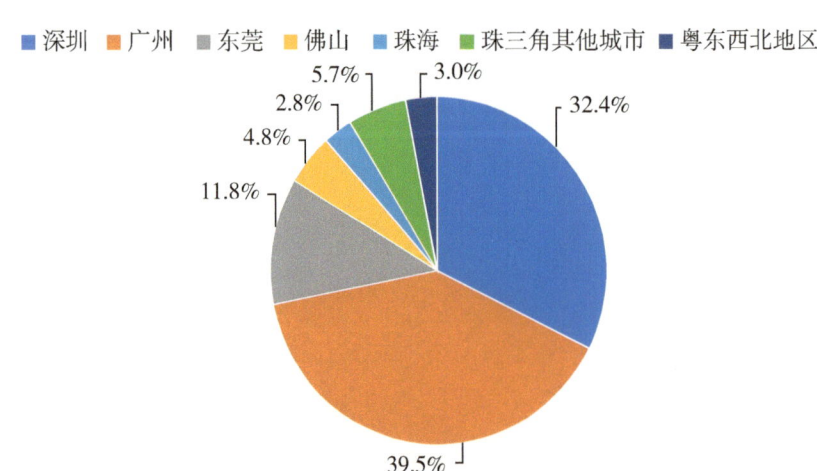

图 4-2 广东省各市智能机器人企业数量占比情况

(数据来源:爱企查)

从骨干/培育企业角度分析，2021年广东省已有省级机器人骨干（培育）企业84家。深圳分别拥有机器人骨干企业13家和培育企业18家，广州分别拥有机器人骨干企业12家和培育企业8家。紧随其后的城市依次为珠海（机器人骨干企业4家和培育企业6家）、佛山（机器人骨干企业6家和培育企业3家）、东莞（机器人骨干企业5家和培育企业3家）、中山（机器人骨干企业3家）、惠州（机器人骨干企业1家）、江门（机器人骨干企业1家）、汕头（机器人培育企业1家）。

4.3 广东省工业机器人产业链分析

广东省工业机器人经过多年的发展和技术积累，已形成从关键零部件到整机和应用，从研发、设计到检测的较为完整的产业链，部分技术实现突破并实现国产化替代。不仅培育发展了广州数控、华数机器人、汇川科技、拓斯达、格力智能装备、李群自动化、大疆、优必选等一批具有代表性的本土骨干企业，还吸引了行业四大家族中的ABB（2015年珠海）、发那科（2016年广州黄埔区）、库卡（2017年美的集团收购）在广东省布局建设研发生产基地。

1. 工业机器人产业链上游

控制器方面，广东省有广州数控、固高科技、汇川科技、研祥、拓斯达、格力智能装备、众为兴、李群自动化等企业作支撑，自主化比例较高。其中，固高科技是亚太地区智能装备通用运动控制技术龙头企业，专注于运动控制技术、伺服驱动技术、机器视觉技术、网络技术和机械优化设计5个方向的核心技术研究；拓斯达已自主研发掌握了控制器、伺服驱动、视觉系统的核心底层技术，并已批量应用于自研SCARA机器人和六轴机器人上，同时针对3C和包装行业开发了具有行业特色的工艺包；广州数控、李群自动化均自主研发了控制系统，并实现自产自用。

伺服系统方面，自主品牌伺服电机体积大、输出功率小，与国际品牌仍有差距，但差距出现缩减趋势。广东省相关领域企业有汇川科技、固高科技、美的、格力智能装备、广州数控、德昌电机、英威腾等。其中，在交流伺服电机品牌方面，汇川科技2020年通用伺服系统在中国市场的份额位列第三，居内资品牌第一，占比为10%；格力智能装备研制的具有完全自主知识产权、可应用于工业机器人的高性能专用伺服系统，荣获第72届德国纽伦堡国际发明展金奖和第二届全国机械工业设计创新大赛银奖；广州数控已能实现伺服电机小规模生产，在全系列机器人匹配电机中有不少于20种规格，伺服驱动器自主化程度达到40%；拓斯达的机械手五合一伺服驱动器已完成交付，处于小规模量产阶段；另外，英威腾、广东科伺智能等企业通过自主研发伺服系统的方式实现自产自用。

精密减速器方面，这是我国与国际品牌差距最大的核心零部件，广东省有珠海飞马、同川精密、大族激光、昊志机电、巨轮智能、格力智能装备、广州长仁等企业作为支撑。其中，珠海飞马深耕工业机器人用精密行星摆线减速器的研发制造，其核心性能和技术指标已经达到国内领先水平，是国内行业标准的制定者之一；巨轮智能在RV减速器的国产化和产业化研究方面已取得了重大突破。

2. 工业机器人产业链中游

在工业机器人本体方面，以"四大家族"为代表的外资品牌仍占据主要份额，广东省创新型企业经过近年来的发展，逐渐增多并抢占市场份额，已呈现国产替代加速的趋势。广东省智能机器人本体制造企业以轻载、中低端工业机器人产品为主，如广州数控、佛山华数、拓斯达等。有部分企业凭借上游零部件技术优势或强大的下游终端市场，向本体延伸发展，如汇川科技、格力智能装备等。按照《广东省培育智能机器人战略性新兴产业集群行动计划（2021—2025年）》，到2025年，工业机器人年产量超过10万台，年均增长约15%。

3. 工业机器人产业链下游

广东省广阔的应用市场为企业发展提供坚实基础。广东省作为全国第一经济大省，也是第一工业大省，在消费电子、汽车、家电、饮料、服装、医疗器械等制造行业排名全国前列，为广东省发展成为国内最大工业机器人应用市场和生产基地提供了夯实的基础。在工业机器人系统集成方面，广东省汇聚了一大批优秀集成商，瑞松科技和明珞装备在汽车白车身焊装领域具有雄厚实力，达意隆在包装行业实力国内领先。

4.4 广东省服务机器人产业链分析

1. 服务机器人产业链上中游

广东省企业在语音交互、激光雷达、传感器、人工智能芯片等新兴技术领域寻求突破，目前已取得阶段性成果，典型企业有科大讯飞、镭神智能、寒武纪、云从科技、瑞波光电等。从产品类型来看，个人/家用领域服务机器人发展逐渐成熟，典型企业主要有银星智能、金大智能、勇艺达、深圳宝乐机器人、金刚蚁机器人等。商用领域有盈峰环境、赛特智能、高新兴、派宝机器人、凌度、中智卫安等企业。横跨消费级和商用的企业有优必选、千里眼、视源电子等。此外，无人机、无人车领域有大疆创新、极飞科技、亿航智能、比亚迪、广汽等企业（表4-2）。

表4-2　广东省部分服务机器人产业链上中游企业

类别	定义	典型企业和所属模块
技术类企业	提供人工智能芯片、操作系统、语音、语义、图像、感知等底层及核心技术的企业	寒武纪（智能芯片）、华为（智能芯片）、镭神智能（激光雷达）、图灵机器人（操作系统）、科大讯飞（语音交互）、云从科技（人机协同）、瑞波光电（激光芯片）等

续表

类别	定义	典型企业和所属模块
产品类企业	在细分行业或应用领域做产品开发，且以需求定位和场景实现为核心的企业	个人/家用领域：银星智能、深圳宝乐机器人、金刚蚁机器人等
		商用领域：盈峰环境、赛特智能、高新兴、派宝机器人、凌度、中智卫安等
		横跨消费级和商用：优必选、千里眼、视源电子等
		无人机、无人车领域：大疆创新、极飞科技、亿航智能、比亚迪、广汽等

2. 服务机器人产业链下游

服务机器人产业链下游是各类应用级企业，它们基于特定的使用场景，开发机器人本体，在家庭娱乐陪护、医疗、物流仓储等领域不断拓展应用场景。广东省也出现了不少优秀的此类服务机器人企业。典型企业有深圳市优必选科技股份有限公司、坎德拉（深圳）科技创新有限公司、广州赛特智能科技有限公司、广州盈惠兴科技股份有限公司、深圳市锐曼智能装备有限公司、深圳市普渡科技有限公司等（表4-3）。

表4-3 广东省部分服务机器人产业链下游企业

领域	典型企业名称	主要产品
娱乐陪伴机器人	奥飞娱乐股份有限公司 深圳市金大智能创新科技有限公司 珠海清维智能科技有限公司 深圳市机器时代科技有限公司	儿童智能陪伴机器人、运动陪伴儿童教育机器人
教育机器人	深圳市优必选科技股份有限公司 深圳市大疆创新科技有限公司 广州市威控机器人有限公司	教育机器人、益智编程无人机

续表

领域	典型企业名称	主要产品
清洁机器人	深圳市盈峰中联环境科技有限公司 坎德拉（深圳）科技创新有限公司 深圳银星智能集团股份有限公司 深圳市杉川机器人有限公司 深圳市宝乐机器人技术有限公司	无人驾驶环卫车、激光导航扫地机器人、擦窗机器人
养护机器人	深圳市金大智能创新科技有限公司 深圳市易智美科技有限公司	养老陪护机器人、智能洗护机器人
手术机器人	深圳市罗伯医疗科技有限公司 广州艾目易科技有限公司 深圳柳叶刀机器人有限公司 深圳市鑫君特智能医疗器械有限公司 深圳康诺思腾科技有限公司	多孔腹腔镜手术机器人、消化内镜手术机器人、穿刺机器人、血管介入机器人、关节置换手术机器人、全智能脊柱手术机器人
康复机器人	深圳睿瀚医疗科技有限公司 深圳市迈康信医用机器人有限公司 深圳市迈步机器人科技有限公司 广东铼鸣智能医疗科技有限公司 深圳市英汉思动力科技有限公司	手功能康复机器人、下肢外骨骼康复训练机器人、上肢康复机器人
室内配送、消杀机器人	广州赛特智能科技有限公司 坎德拉（深圳）科技创新有限公司 深圳市普渡科技有限公司 深圳市大族机器人有限公司	配送机器人、消杀机器人、MAV多感知自动导航车
室外物流机器人	深圳优地科技有限公司 亿航智能设备（广州）有限公司 深圳智航无人机有限公司	园区配送无人车、自动驾驶飞行器、固定翼无人机

4.5 广东省特种机器人产业链分析

相比于工业机器人和服务机器人，特种机器人目前市场规模较小，但其在部分领域具有重要的战略意义和作用，且未来潜力巨大，市场空间广阔。随着社会的发展，由特种机器人从事"危险""特殊""极端"的业务，已经势在必行。水下救援机器人、消防救援机器人、深海采矿机器人等将成为未来的热点应用方向。

近年来，广东省特种机器人产业发展良好，创新企业加快自主研发进程，产品的功能性与可靠性大幅提升，在安防巡逻、电力巡检、防爆灭火、管道检测、采矿挖掘、水下作业、军事作战等场景中得到进一步推广使用。特种机器人从无到有，品种不断丰富，智能化水平及环境适应能力不断提升，应用领域持续扩展，出现了巡检机器人、消防灭火机器人、防控监测无人机、水下机器人、排爆机器人、管道机器人等一系列产品（表4-4）。

表4-4 广东省部分特种机器人企业

序号	典型企业名称	主要产品
1	深圳市大疆创新科技有限公司	无人机
2	珠海云洲智能科技股份有限公司	无人船
3	深圳市朗驰欣创科技股份有限公司	电力巡检机器人、隧道智能巡检机器人、核应急处置机器人
4	广州珠峰机器人科技有限公司	电力巡检机器人、航拍测绘机器人
5	广东科凯达智能机器人有限公司	高压输电线路巡检机器人
6	中智科创机器人有限公司	安保巡逻机器人
7	高新兴科技集团股份有限公司	智能巡逻机器人
8	施罗德工业测控设备有限公司	管道检测爬行机器人、排水管道检测机器人、声音检测机器人
9	深圳市行知行机器人技术有限公司	爬壁机器人
10	广东麦盾安全设备有限公司	排爆机器人
11	深圳市安泽智能工程有限公司	排爆机器人、巡逻机器人
12	深圳市贝特尔机器人有限公司	消防灭火机器人、消防侦检机器人、暴雪机器人
13	亿航智能设备（广州）有限公司	消防无人机

第四章 广东省智能机器人产业规模及产业链分析

续表

序号	典型企业名称	主要产品
14	深圳市斯威普科技有限公司	防水无人机
15	深圳市德润水下工程有限公司	水下机器人
16	珠海云洲智能科技股份有限公司	水上救助无人艇、全自动采样无人船
17	广东博智林机器人有限公司	建筑机器人
18	广东弓叶科技有限公司	垃圾分选机器人
19	深圳斑斓海洋科技有限公司	水下清刷机器人
20	深圳鳍源科技有限公司	水下机器人

第五章
广东省智能机器人发展政策环境

5.1 省级智能机器人相关支持政策

广东省为全国智能机器人生产和应用大省，广东省智能机器人集群发展优势明显，包括广阔的应用市场、完整的产业链、自主研发的技术优势、初步成型的产业集聚生态等。但同时也在中高端产品技术水平、关键零部件和部分系统集成技术、智能化水平、专业人才等方面存在短板。为加快培育智能机器人产业集群，促进产业迈向全球价值链高端，广东省发布了《广东省智能制造发展规划（2015—2025年）》《广东省制造业高质量发展"十四五"规划》等一系列政策。2020年5月，《广东省人民政府关于培育发展战略性支柱产业集群和战略性新兴产业集群的意见》正式发布，将智能机器人产业集群列入十大战略性新兴产业集群，提出要持续优化产业生态，完善产业支撑体系，建设国内领先、世界知名的机器人产业创新、研发和生产基地。2020年9月，广东省工业和信息化厅、广东省发展和改革委员会、广东省科学技术厅、广东省商务厅、广东省市场监督管理局联合印发《广东省培育智能机器人战略性新兴产业集群行动计划（2021—2025年）》（简称《行动计划》），对智能机器人产业进行了具体的部署。2020年12月，广东省发布《中共广东省委关于制定广东省国民经济和社会发展第十四个五年规划和二〇三五年远景目标的建议》，提出加快发展现代产业，建设更高水平的现代化经济体系，推动制造业高质量发展，加快培育智能机器人等战略性新兴产业集群。

《行动计划》提出工作目标：到2025年，智能机器人产业营业收入达到800亿元，发明专利授权量年均增长超过10%，形成一批关键核心领域高价值专利，组织实施500个以上智能制造示范项目，汇聚全球创新资源，智能机器人高端人才队伍进一步壮大。同时，《行动计划》从科技攻关、产业布局、企业培育、示范推广、支撑环境的维度提出五大重点任务。一是聚焦技术创新，加快技术攻关，优化创新机制，加强科技合作，统筹省内与省外、产业链上游与下游，打造智能机器人创新机制；二是优化产业布局，以广东省主要机器人产业基地为依托，建设一批错位协同发展的机器人产业集聚区，提高全省产业集聚能力；三是培育优势企业，加强骨干企业培育，推动大中小企业融通发展，整合产业链上下游资源，提升行业内部分工合作水平；四是深入示范推广，重点在高端制造、传统支柱、社会民生、教育医疗、农业生产等领域开展机器人应用试点示范工作，发展融资租赁、共享等新型应用模式，培育具有较强竞争力、影响力的知名品牌；五是强化支撑体系，建设一批高水平机器人技术研发、检验检测、成果转化等方面的产业支撑平台，完善检验检测认证服务能力，加强标准化工作。根据《行动计划》中的目标和任务，结合广东省机器人产业正在实施的和未来规划的重点行动进行梳理。主要分为8项重点工程：第1、第2、第3项重点工程分别是机器人减速器工程、机器人控制器工程、机器人伺服系统工程。重点关注机器人关键零部件核心技术，致力攻克技术短板，提出工作具体目标。第4项重点工程是机器人集成应用工程。针对主要行业特点，支持开展关键工艺技术研究，支持主要集成应用软件的自主开发，持续开展试点示范。第5、第6、第7项重点工程分别是无人机工程、无人船工程、服务机器人工程。针对无人机、无人船、服务机器人核心零部件和关键技术，支持提升关键技术水平、丰富产品种类和应用场景，推动产品应用。第8项重点工程是智能提升工程。支持重点突破智能共性技术，提升工业机器人智能化水平、服务机器人人机交互及自主作业水平和多无人机（船）协同作业与交互能力。为推动落实《行动计划》提出的五大重点任务和8项重点工程，提出了3项保障措施，内容包括：一是加强组织领导，省直各部门、省市联动，加大统筹协调力度，主动谋划推进一批重大项目；二是加大政策支持力度，统筹安排现有资金支持智能机器人产业重大项目、重大研发平台建设，支持机器人应用，鼓励金融机构、产业发展基金参与产业建设；三是强化人才支撑，多措并举促进各层次人才的引进和培养。

广东省省级智能机器人相关政策如表5-1所示。

表5-1 广东省省级智能机器人相关政策

发布时间	发布单位	政策名称	政策要点
2022年	广东省科学技术厅、广东省工业和信息化厅	《广东省新一代人工智能创新发展行动计划（2022—2025年）》	推动企业围绕生活服务、公共服务、行业应用等多元化市场需求，加快发展计算机视觉感知、自然语言处理、自主无人驾驶、人机交互等人工智能深度融合的新型智能产品，全面促进产品智能化升级
2021年	广东省人民政府	《广东省制造业高质量发展"十四五"规划》	提出高起点谋划发展战略性支柱产业、战略性新兴产业及未来产业，战略性新兴产业是广东制造推进器，包括半导体及集成电路、高端装备制造、智能机器人、区块链与量子信息、前沿新材料、新能源、激光与增材制造、数字创意、安全应急与环保、精密仪器设备
2021年	广东省人民政府办公厅	《广东省推动医疗器械产业高质量发展实施方案》	在生物医用材料、植（介）入器械、基因检测、手术机器人、人工智能医疗器械、医用内窥镜等重点领域培育一批重大产业项目

第五章 广东省智能机器人发展政策环境

续表

发布时间	发布单位	政策名称	政策要点
2020年	广东省人民政府	《广东省人民政府关于培育发展战略性支柱产业集群和战略性新兴产业集群的意见》	以关键技术突破、产业链创新为核心，以示范应用推广、产业集聚发展为引领，以加强产业服务能力建设、拓展人才交流合作为支撑，不断提升产业发展水平和集聚能力，努力将广东省智能机器人产业打造成为规模大、质量高、后劲足的先进智能装备产业集群，为制造强省建设提供重要支撑
2020年	中共广东省委	《中共广东省委关于制定广东省国民经济和社会发展第十四个五年规划和二〇三五年远景目标的建议》	加快发展现代产业，建设更高水平的现代化经济体系，推动制造业高质量发展，加快培育智能机器人等战略性新兴产业集群
2020年	广东省工业和信息化厅等	《广东省培育智能机器人战略性新兴产业集群行动计划（2021—2025年）》	实施机器人重点领域研发计划，重点支持提升关键零部件、核心软件技术水平，突破制约。支持开展关键机器人装备和系统研发，拓展机器人应用领域
2018年	广东省人民政府	《广东省新一代人工智能发展规划》	推动人工智能、互联网、物联网等技术在机器人领域的深入应用，提升机器人产品智能化水平
2018年	广东省经济和信息化委	《广东省工业企业技术改造三年行动计划（2018—2020年）》	实施机器人产业发展专项计划，重点在电子、汽车、机械、家电及民爆等行业领域中推广应用机器人，鼓励企业应用广东省内自主品牌机器人，综合利用保费补贴、事后奖补等方式予以支持
2017年	广东省人民政府	《广东省落实〈工业和信息化部广东省人民政府合作框架协议〉实施方案》	实施机器人产业发展专项行动，发布机器人产业发展技术攻关和标准体系规划与路线图
2017年	广东省人民政府办公厅	《广东省战略性新兴产业发展"十三五"规划》	加快突破工业机器人控制器、减速器等关键技术和核心零部件，推动人工智能与机器人技术深度融合

97

续表

发布时间	发布单位	政策名称	政策要点
2016年	广东省人民政府	《广东省人民政府关于深化制造业与互联网融合发展的实施意见》	实施"工业机器人推广应用"计划,加快工业机器人在重点制造行业的规模化应用,带动全行业生产制造智能化水平快速提升
2016年	广东省人民政府办公厅	《广东省工业企业创新驱动发展工作方案(2016—2018年)》	加强战略性新技术的前瞻部署,依托龙头骨干企业,在高端新型电子信息、基因工程、增材制造装备、智能机器人等具有颠覆性创新领域实施重大技术创新专项,力争突破一批关键核心技术产业化应用,掌握新兴产业发展主动权
2015年	广东省经济和信息化委	《广东省机器人产业发展专项行动计划(2015—2017年)》	2017年智能服务机器人和特种机器人实现发展水平和规模双提升,进入国内领先行列,销售额达到200亿元以上
2015年	广东省人民政府	《广东省智能制造发展规划(2015—2025年)》	至2020年,机器人及相关配套产业产值达1000亿元,万人机器人数量达到100台,打造机器人制造及集成企业。积极培育发展服务机器人以及应用于特殊环境下的安防、排爆、救援等特种机器人,突破服务机器人安全性、可靠性关键技术,推动智能服务机器人第三方质量、安全性、可靠性检测能力建设,加快服务机器人产业发展
2015年	广东省人民政府	《广东省工业转型升级攻坚战三年行动计划(2015—2017年)》	至2017年末,初步建成10个在全国具有较大影响力的智能制造产业基地,形成4个产值规模超100亿元的智能制造产业集聚区;建成2个国内领先的机器人制造产业基地,机器人制造及相关智能装备总产值从2014年的300亿元提高到600亿元以上。三年累计推动1950家规模以上工业企业开展"机器换人",制造业智能化水平明显提升
2014年	广东省人民政府办公厅	《珠江西岸先进装备制造产业带布局和项目规划(2015—2020年)》	以佛山市、顺德区为主,重点发展关键智能制造基础共性技术,推进以传感器、自动控制系统、工业机器人、伺服和执行部件为代表的智能装置的研发和产业化

5.2 地市级智能机器人相关支持政策

为进一步推动智能机器人产业发展，广州、深圳、东莞、珠海、佛山、中山等地市按照广东省智能机器人产业集群统一部署，结合各自实际，实施多项举措，并相继出台了多项政策，通过研发创新、产业规划布局、产业扶持、园区建设、知识产权等举措推动产业集群培育发展。广州、深圳、佛山等地市开展机器人研发创新，珠海、东莞、中山等地市建设机器人生产基地，其他各地市做好产业配套，持续优化产业生态，完善产业支撑体系，建设国内领先、世界知名的机器人产业创新、研发和生产基地。

2014年，广州出台《广州市人民政府办公厅关于推动工业机器人及智能装备产业发展的实施意见》，提出培育形成超千亿元的以工业机器人为核心的智能装备产业集群，其中包括形成年产10万台（套）工业机器人整机及智能装备的产能规模，培育1～2家拥有自主知识产权和自主品牌的百亿元级工业机器人龙头企业。2022年，深圳出台《深圳市培育发展智能机器人产业集群行动计划（2022—2025年）》，提出到2025年，智能机器人产业增加值达到160亿元，其中无人机产业增加值达到百亿级规模，新增1个省级或以上制造业创新中心，10家制造业"单项冠军"、专精特新"小巨人"、"独角兽"企业，20家企业技术中心。2021年，佛山出台《佛山市推进制造业数字化智能化转型发展若干措施》及配套操作细则，提出由市、区两级财政3年共投入100亿元，加快推动制造业数字化智能化转型发展。2016年，东莞出台《"东莞制造2025"规划》，提出深化松山湖国际机器人产业基地建设，培育和引进工业机器人和3D打印设备研发企业、系统集成商和设备服务商，以及关键零部件和材料供应商，形成产业体系。建设好广东省智能机器人研究院，以共性技术攻关、功能部件研发、机器人集成应用、专业人才培养等为重点，打造开放共享的公共创新平台（图5-1、表5-2）。

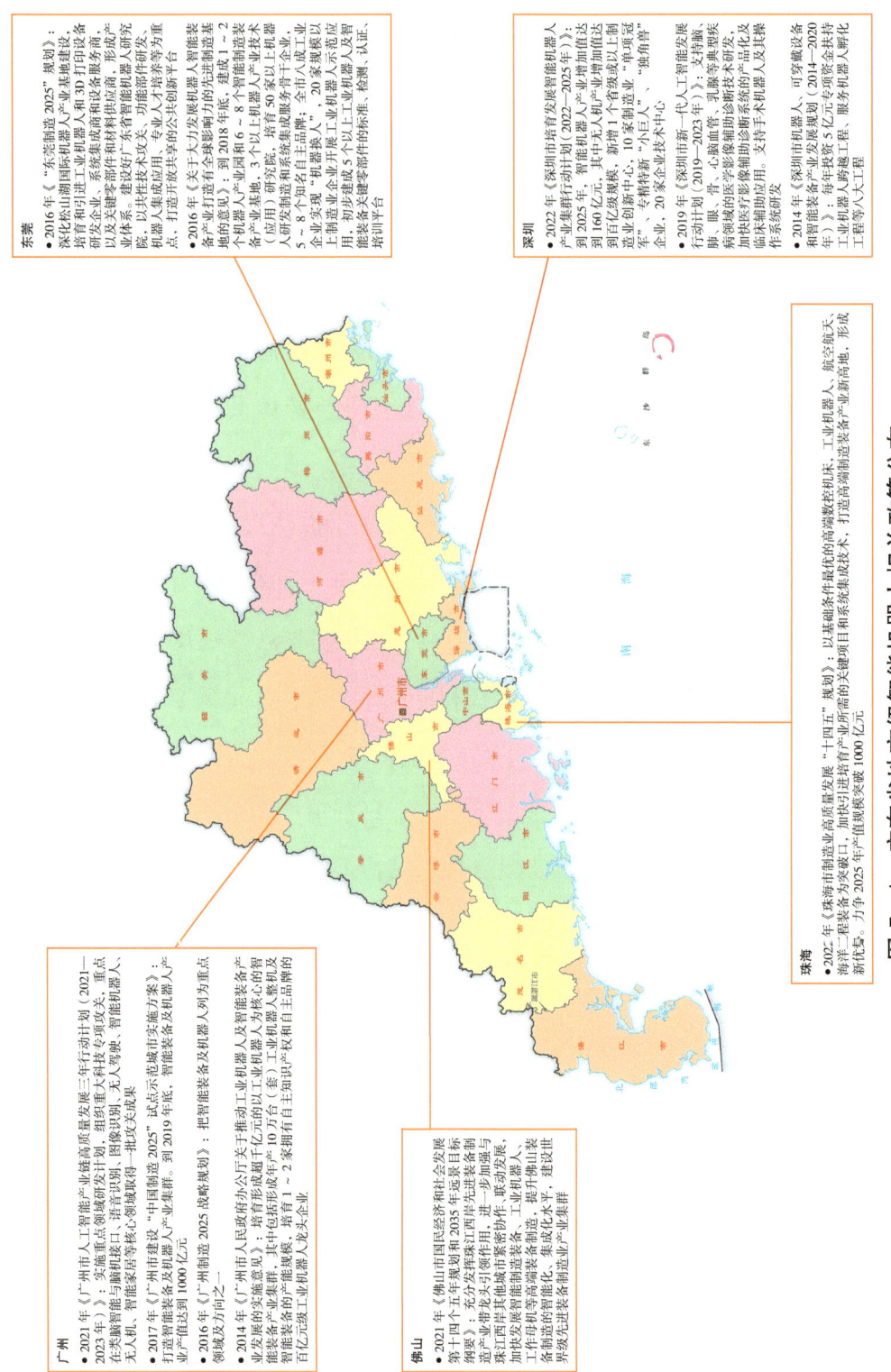

图 5-1 广东省地市级智能机器人相关政策分布

第五章 广东省智能机器人发展政策环境

表5-2 广东省地市级智能机器人相关政策

发布时间	发布单位	政策名称	政策要点
2021年	广州市科学技术局	《广州市人工智能产业链高质量发展三年行动计划（2021—2023年）》	实施重点领域研发计划，组织重大科技专项攻关，重点在类脑智能与脑机接口、语音识别、图像识别、无人驾驶、智能机器人、无人机、智能家居等核心领域取得一批攻关成果
2017年	广州市人民政府	《广州市建设"中国制造2025"试点示范城市实施方案》	打造智能装备及机器人产业集群。到2019年底，智能装备及机器人产业产值达到1000亿元
2016年	广州市人民政府	《广州制造2025战略规划》	推进低成本多关节机器人、并联机器人、移动机器人等经济型机器人本体开发，集成开发具有自主知识产权的焊接机器人、喷涂机器人等机器人。加快研制发展医疗康复机器人、手术机器人、护理机器人等服务机器人，以及消防机器人、救援机器人等特种机器人。积极推进与小批量定制、个性化制造、柔性制造相适应的机器人技术的研发与推广应用
2014年	广州市人民政府办公厅	《广州市人民政府办公厅关于推动工业机器人及智能装备产业发展的实施意见》	培育形成超千亿元的以工业机器人为核心的智能装备产业集群，其中包括形成年产10万台（套）工业机器人整机及智能装备的产能规模，培育1~2家拥有自主知识产权和自主品牌的百亿元级工业机器人龙头企业
2022年	深圳市工业和信息化局等	《深圳市培育发展智能机器人产业集群行动计划（2022—2025年）》	到2025年，智能机器人产业增加值达到160亿元，其中无人机产业增加值达到百亿级规模，新增1个省级或以上制造业创新中心，10家制造业"单项冠军"、专精特新"小巨人"、"独角兽"企业，20家企业技术中心
2019年	深圳市人民政府	《深圳市新一代人工智能发展行动计划（2019—2023年）》	支持脑、肺、眼、骨、心脑血管、乳腺等典型疾病领域的医学影像辅助诊断技术研发，加快医疗影像辅助诊断系统的产品化及临床辅助应用。支持手术机器人及其操作系统研发

续表

发布时间	发布单位	政策名称	政策要点
2014年	深圳市人民政府	《深圳市机器人、可穿戴设备和智能装备产业发展规划（2014—2020年）》	每年投资5亿元专项资金扶持工业机器人跨越工程、服务机器人孵化工程等八大工程
2016年	东莞市人民政府办公室	《"东莞制造2025"规划》	深化松山湖国际机器人产业基地建设，培育和引进工业机器人和3D打印设备研发企业、系统集成商和设备服务商，以及关键零部件和材料供应商，形成产业体系。建设好广东省智能机器人研究院，以共性技术攻关、功能部件研发、机器人集成应用、专业人才培养等为重点，打造开放共享的公共创新平台
2016年	东莞市人民政府办公室	《关于大力发展机器人智能装备产业打造有全球影响力的先进制造基地的意见》	到2018年底，建成1～2个机器人产业园和6～8个智能制造装备产业基地，3个以上机器人产业技术（应用）研究院，培育50家以上机器人研发制造和系统集成服务骨干企业，5～8个知名自主品牌；全市八成工业企业实现"机器换人"，20家规模以上制造业企业开展工业机器人示范应用，初步建成5个以上工业机器人及智能装备关键零部件的标准、检测、认证、培训平台
2021年	佛山市人民政府	《佛山市国民经济和社会发展第十四个五年规划和2035年远景目标纲要》	充分发挥珠江西岸先进装备制造产业带龙头引领作用，进一步加强与珠江西岸其他城市紧密协作、联动发展，加快发展智能制造装备、工业机器人、工作母机等高端装备制造，提升佛山装备制造的智能化、集成化水平，建设世界级先进装备制造业产业集群
2022年	珠海市人民政府	《珠海市制造业高质量发展"十四五"规划》	以基础条件最优的高端数控机床、工业机器人、航空航天、海洋工程装备为突破口，加快引进培育产业所需的关键项目和系统集成技术，打造高端制造装备产业新高地，形成新优势。力争2025年产值规模突破1000亿元

第六章
广东省智能机器人技术创新能力分析

6.1 广东省智能机器人相关高校院所

广东省智能机器人的快速发展离不开相关高校和科研机构的有力支撑，目前具有华南理工大学机械与汽车工程学院、广东工业大学机电工程学院、暨南大学智能科学与工程学院、广东省科学院智能制造研究所、中国科学院香港中文大学深圳先进集成技术研究所等多家高校院所，部分代表性高校院所简介如下。

1. 华南理工大学

华南理工大学是直属教育部的全国重点大学，与智能机器人领域研究相关的主要涉及机械与汽车工程学院、计算机科学与工程学院、软件学院、自动化科学与工程学院、吴贤铭智能工程学院等院系，研究领域涵盖工业机器人、医疗机器人、服务机器人及无人驾驶系统等方向，融合机械工程、电子工程、控制工程、人工智能技术等多个学科知识并开设相关课程，在机器人的感知、决策、控制、设计和制造等领域开展理论和应用研究，旨在培养智能机器人领域复合型人才，并与产业界形成密切联动，构建良好的产学研用机制，推进科技成果转移转化。

2. 哈尔滨工业大学（深圳）机电工程与自动化学院

哈尔滨工业大学（深圳）机电工程与自动化学院设机电工程系、自动化系、电气工程系和能源动力系4个系，涵盖机械工程、控制科学与工程、电气工程、动力工程及工程热物理4个一级学科，均设有硕士博士学位授权点和博士后流动站，其中机械工程、控制科学与工程、动力工程及工程热物理为国家重点一级学科。学院师资队伍由全职教师、特聘教授、访问教授和双基地教授组成，现有全职教师74人、兼职教师17人，其中国家"万人计划"领军人才1人、国家级高层次人才计划6人、国家"百千万人才"2人、国家"优青"获得者1人、国家青年高端人才2人、广东特支计划2人、深圳市鹏城学者长期岗位5人、深圳市高层次人才44人。学院在校学生1919人，包括本科生1041人、硕士研究生711人、博士研究生167人。学院按照学科和科研方向设立了5个研究中心，已建成6个市级重点实验室、4个市级工程实验室，正在筹建"机器人技术与系统国家重点实验室（深圳）"。

3. 广东工业大学

广东工业大学是一所以工为主、工理经管文法艺结合、多科性协调发展的省属重点大学，与智能机器人领域研究相关的主要包括自动化学院和机电工程学院。自动化学院设有自动化、电气工程及其自动化、物联网工程、数据科学与大数据技术、机器人工程5个本科专业，"控制科学与工程"在教育部第四轮学科水平评估中排名进入前10%（A−类）。机电工程学院设有智能制造与机器人研究所，开设智能制造工程专业，通过产教融合、校企合作的协同育人模式，培养满足新一轮工业革命技术创新需求的高素质技术人才，全力打造智能制造创新型人才培育的南方基地，为推动粤港澳大湾区制造业的数字化、智能化升级提供强有力的人才支撑。

4. 广东省智能机器人研究院

广东省智能机器人研究院（简称"广智院"）位于东莞市松山湖园区，是经广东省人民政府批准，由东莞市人民政府举办的机器人与智能制造领域的新型研发机构，以"格物穷理、守正出奇"为发展理念，以高精高效智能工业机器人为重点研究方向，已建有工业机器人研发中心、新型机器人研发中心、智能制造工业大数据研发中心、功能部件与核心器件研发中心、公共试验与检测服务中心、投资与产业孵化中心、人才引进与培养中心等七大平台。在团队引进方面，广智院已经拥有各类人才200余人，其中引进了一批龙头企业的核心成员及公务员队伍的优秀干部全职加入广智院。广智院已获批2支广东省创新团队、1支东莞市创新团队。在产品研发方面，广智院围绕3C行业，已在多轴工业机器人、机器视觉、大功率工业激光器、工业大数据等领域开发了近10类高端装备，已累计承担国家级项目3项、省级项目6项、市级项目3项。在行业应用方面，围绕企业的产业需求，自主研发了10余款智能装备，先后为数百家机器人及智能制造应用的行业龙头企业服务。在投资与产业孵化方面，目前广智院已经成功孵化企业20余家，智能装备研发中心获批首批"国家专业化众创空间"。

5. 中国科学院香港中文大学深圳先进集成技术研究所

中国科学院香港中文大学深圳先进集成技术研究所（简称"集成所"）是2006年2月经中国科学院、深圳市人民政府和香港中文大学三方友好协商共建的从事先进集成技术研究与开发的组织，以应用基础研究、关键技术研究、技术集成与示范为重要的研究单元。一方面集成所坚持多学科交叉、软硬件并重、以系统集成技术开发为主、以单项技术研发为辅的研究理念，建立先进集成科学与工程领域发展相应的学科基础；另一方面，坚持面向先进制造业与现代服务业的科技需求，以应用为导向，面向现代制造装备领域，开辟了以集成技术为特征的交叉学科，该学科包含了智能机器人、人机智能交互、智能系统与装备三大研究方向。集成所已设立了8个研究中心和3个研究室，分别为神经工程研究中心、智能仿生研究中心、光电工程技术研究中心、认知与交互技术研究中心、汽车电子研究中心、精密工程研究中心、机器视觉研究中心、软体机器人研究中心、环绕智能与多模态研究室、人机控制研究室及太赫兹精密测量研究室。

6. 广东省科学院智能制造研究所

广东省科学院智能制造研究所成立于广州，是省科学院下属骨干科研院所之一、公益二类科研事业单位。业务范围包括开展智能化、信息化、标准化关键技术研究等。作为广东省智能制造领域科技创新的重要力量，其聚焦省委"1+1+9"工作部署，围绕省委、省政府构建"一核一带一区"区域发展新格局的要求，开展聚焦产业发展的应用技术研究，兼顾重大技术应用的基础研究，发展自动化、信息化、智能化、标准化的关键技术，为广东省产业发展提供科技支撑和科技服务。主要研究方向包括机器人技术、人工智能技术、增材制造技术、数字化制造技术、装备可靠性技术等。

6.2 广东省智能机器人相关创新平台

目前，广东省在机器人设计、研发、系统集成、推广应用等全产业链均部署有相关的科研机构，高水平建设了一批机器人技术研发、成果转化等方面的产业支撑平台，充分整合了省内科研机构、高校、企业、行业协会等优势资源，推动了产业服务资源和企业发展需求对接。广东省机器人整体研发创新水平位居全国前列，建立了高端重载机器人全国重点实验室、广东省机器人与智能系统重点实验室、广东省中高端工业机器人技术企业重点实验室、广东智能无人系统研究院、广东华中科技大学工业技术研究院、广东省智能装备机器视觉系统开发与应用工程技术研究中心等包括国家重点实验室、省重点实验室、高水平创新研究院、新型研发机构和工程研究中心在内的各类创新平台载体。此外，华南理工大学建立了大数据与智能机器人教育部重点实验室，深圳大学建立了大数据系统计算技术国家工程实验室，香港中文大学（深圳）建立了机器人与人工智能实验室、机器人与智能制造国家地方联合工程实验室等国家级平台，中山大学还建立了广东省大数据分析与处理重点实验室、广州超级计算中心等一批高端重大创新平台。

1. 高端重载机器人全国重点实验室

高端重载机器人全国重点实验室依托美的集团，聚焦于重载冲击下全工况高精度机器人智能性能调控和可靠性保障科学问题，开展应用研究和产业化落地，打造围绕产业链布局创新链的集团范围内混合法人实体化运作机制，聚焦高端重载机器人及其核心零部件的研究，系统解决该领域"卡脖子"技术难题，支撑战略产业未来发展。研究方向包括重载机器人核心零部件、整机系统设计、智能控制系统、安全性和可靠性保障、行业系统集成应用等。

2. 华南理工大学大数据与智能机器人教育部重点实验室

华南理工大学大数据与智能机器人教育部重点实验室围绕着大数据分析、机器人智能、机器学习、多媒体计算和机器视觉5个相互关联的方向展开深入研究。研究团队在过去10多年专注于大数据与智能机器人技术研究，在大数据分析、知识表示及知识库构建、群体智能、机器人中间件、机器认知与思维、人机交互等方面处于国内领先地位。近5年来，研究团队承担科研项目100多项，其中国家级项目30多项、省部级项目60多项；发表国内外高水平论文400多篇，其中SCI收录100多篇、EI收录300多篇。研究团队发表的论文中包括ESI高被引论文13篇、Trans论文100多篇。获发明专利及软件著作权等100多件；获得多个奖项，包括日内瓦国际发明展银奖1项、中国计算机学会科学技术奖二等奖1项、广东省科技进步奖一等奖1项、广东省自然科学奖二等奖2项等；研发全网络口碑挖掘系统、精准用户画像系统、自主移动机器人、教育机器人、中央空调风管空气质量分析机器人、安防机器人等近20种大数据与机器人智能产品。

3. 广东省机器人与智能系统重点实验室

广东省机器人与智能系统重点实验室依托中国科学院深圳先进技术研究院建设，以研究机器人和智能系统领域的关键核心技术，研制可产业化的家庭服务机器人、应急救灾机器人和智能系统、医疗康复和手术辅助机器人、多媒体智能系统为目标。科研团队负责人徐扬生院士是国际机器人研究领域著名专家，实验室副主任张建伟教授从事机器人研究多年，享有国际声誉。实验室科研团队汇聚了美国、德国、日本、中国香港等地机器人领域的优秀人才，具有鲜明的国际化、开放化特色。实验室瞄准家庭服务、医疗康复、应急救灾和多媒体智能4个应用方向，在国内机器人研究领域具有独特的地位。

4. 广东智能无人系统研究院

广东智能无人系统研究院（简称"智能院"）自2019年建设以来，先后被省科技厅评定为广东省高水平创新研究院、广东省高水平新型研发机构，依托高水平创新研究院和高水平新型研发机构这两个创新平台，智能院累计引进各类人才92人，其中正高级职称16人，副高级及以上职称占比为56%，硕士及以上学位占比为77%。截至2022年，智能院1人入选广州市高层次人才，3人入选南沙区高端领军人才，7人入选南沙区骨干人才。智能院在水下机器人方向不断进步，"新一代潜航器"先导专项写入《广州南沙深化面向世界的粤港澳全面合作总体方案》，有力支撑我国南方海洋科技创新中心建设。

智能院参与的国家重点研发计划"科技冬奥"专项成功研发出两栖机器人，完成冬奥火炬传递，实现奥运史上首次机器人水下火炬接力，彰显了奥运与科技的结合。

6.3 广东省智能机器人相关产业园区

产业园区是指以促进某一产业发展为目标而创立的特殊区位环境，是区域经济发展、产业调整升级的重要空间聚集形式，担负着聚集创新资源、培育新兴产业、推动城市化建设等一系列的重要使命。广东省各地方政府围绕机器人零部件、本体制造、系统集成等产业链的核心环节，建设各具特色、优势互补的机器人产业园区，以龙头企业为核心推动形成产业集聚，打造技术与资本高地。广东省机器人产业园区主要分布在深圳、广州、东莞、佛山等地，其他地市也有相关产业园区布局，产业园区建设呈现出"全面开花，区域集中"的特征。

深圳已建成南山机器人产业园、中粮（福安）机器人智造产业园（深圳）、宝安机器人制造产业园等多个机器人产业园区，已形成全国最大的机器人产业集聚区之一。落地的机器人企业主要包括汇川科技、大族机器人、华数机器人、众为兴、越疆科技、斯坦德机器人、博迈机器人、慧灵科技、如本科技、视科普、蓝芯科技、优艾智合、劢微机器人、深圳未来机器人、怡丰机器人、朗驰欣创、华成工控、海柔创新、珞石科技、隆博科技、鸿栢科技、奥比中光、雷赛智能等。

广州建设有黄埔智能装备价值创新园、华南智能装备产业园、广州国际机器人产业园、南沙庆盛人工智能价值创新园区、大岗先进制造业基地等机器人产业园区。落地的机器人企业主要包括广州数控、瑞松科技、发那科、巨轮智能、广州智能装备研究院、广州紫薇云、广州映博智能、广州翼飞、昊志机电、明珞智能、中设股份、广州耐为、忠智机器人等。

东莞大力发展机器人产业，建设有松山湖国际机器人产业基地、北大众智机器人产业园等机器人产业园区，落地的机器人企业主要包括拓斯达、李群自动化、天机机器人、松灵机器人、本末科技、逸动科技、云鲸智能等。

佛山市拥有广东省智能制造创新示范园、佛山北滘机器人谷、中国机器人小镇产业园等多个机器人产业园区，其中中国机器人小镇产业园已汇聚了盈合机器人、海创大族机器人等重磅项目，产业集聚效应明显。

此外，珠海建设有国机机器人科技园，江门建设有中信重工开诚特种机器人华南产业基地等。部分代表性产业园区简介如下。

1. 南山机器人产业园

南山机器人产业园位于深圳南山区，建筑面积合计 42 615 平方米，以智园为主要载体，建设工业机器人研发服务平台，吸引相关企业和机构入驻。此产业园区以机器人、可穿戴设备、新型传感器、数控装备为主要方向，以突破智能传感、智能控制、智能制造、信息处理等共性关键技术为支撑，通过技术创新、示范应用，建成具有深圳特色的国内一流的机器人及智能装备产业基地。据统计，涉及机器人业务的南山区企业超 40 家，包括固高科技、大疆科技、英威腾、众为兴等知名企业，机器人相关从业人数约 1.5 万人，总产值超过 50 亿元。

2. 黄埔智能装备产业园

广州黄埔区按照"产业园区化、园区特色化、运营专业化"的发展思路，规划建设总用地面积达 378.5 公顷的黄埔智能装备产业园，同时构建智能装备产业园"一园三区"的总体空间架构，采取松散边界管理，建设知识城（北区）、云埔工业园（中区）和黄埔智能装备价值创新园（南区）三大核心组团，构建全产业链发展模式。作为广州市机器人及智能装备产业的集聚区,截至目前,黄埔智能装备产业园集聚知名机器人及智能装备企业超百家,已成为引领全区产业转型升级的重要支柱。

3. 松山湖国际机器人产业基地

松山湖国际机器人产业基地是在 2014 年由香港科技大学教授李泽湘等高校专家发起创办的。基地专注于"一个系统""二大产业""三个链条"的构建。"一个系统"即健康的可持续的学院派创业支持生态系统;"二大产业"指机器人和智能装备产业;"三个链条"即世界一流潜质青年创业家培养链、机器人和智能核心技术和核心零部件研发研制链、世界一流企业孵化和产业培育链。基地通过联结香港、内地及全球的高校、研究所、上下游供应链等资源,搭建完整机器人生态体系,为团队提供全方位资源支持,建设一个面向内地、香港乃至全球的机器人和智能硬件创业平台,打造一流的机器人产业集群。

4. 美的库卡智能制造科技园

美的库卡智能制造科技园项目总用地面积约为 433 亩,项目一期工程于 2018 年 3 月动工,并于 2019 年投入使用。此科技园包括机器人本体制造中心、研究中心、应用示范中心和华南区域总部四大板块,主要布局机器人产业孵化基地、驱动及控制系统项目、伺服电机等配套核心零部件项目,以及机器人系统集成及应用推广、机器人检测认证等产业,建设产销研一体化科技园。

5. 格力新能源与智能装备研发生产基地

格力新能源与智能装备研发生产基地占地面积约为 172 371.21 平方米,建筑面积约为 181 328.5 平方米,建设工业机器人、数控机床、智能物流仓储、智能检测设备等智能装备产业基地,主要包括 5 栋生产车间、1 个危化品废品库、1 个危化品库、1 个电气房、1 栋研发楼及 2 栋员工宿舍,主要从事新能源、新材料、高端智能装备、电子、通信与自动控制技术的研发及应用。

6.4 广东省智能机器人相关服务机构

广东省培育和布局了一批智能机器人相关的跨行业、开放性、公益性的服务机构，包括检测共性技术公共服务平台、产业信息与政策咨询服务机构、产业传销服务机构和成果交易服务机构，主要分布在广州、深圳、东莞、珠海等地，建立了广东省机器人创新中心、国家机器人检测与评定中心（广州）和国家工业机器人质量监督检验中心（广东）、国家无人机系统质量监督检验中心。服务机构重点开展战略研究、检验检测、区域规划、信息统计分析等高端咨询工作，作为媒体促进政产学研各界协同合作，共同支撑智能机器人战略性新兴产业集群向全球价值链高端发展。部分代表性服务机构简介如下。

1. 广东省机器人创新中心

由工业和信息化部电子第五研究所、国机智能、瑞松科技、中国科学院沈阳自动化研究所（广州）、巨轮机器人、明森科技、众为兴、绿的谐波、佳都科技、科大讯飞等10家国内机器人、人工智能与智能制造领域龙头企事业单位共同发起的广东省机器人创新中心，于2018年由广东省工业和信息化厅批复成立。此创新中心采用多元化投资、多样化模式、市场化机制、企业型组织，旨在通过体制机制创新，实现机器人产业创新资源的聚集和协同，打造机器人技术及产业创新平台和服务平台，打通技术研发和产业化之间的连接，形成资源聚集、渠道通畅、对接共性、面向市场、成果转化、产业孵化、人才培养、国际合作、引领行业的产学研用协同创新载体和融合发展模式，促进生成"科技创新生态系统"。

2. 国家机器人检测与评定中心（广州）

以广州机械科学研究院有限公司为依托单位的国家机器人检测与评定中心（广州）（简称"国评中心"）是由国家发展和改革委员会批准建立的第三方服务机构。其立足华南面向全国机器人研发制造的生产企业、研发机构和用户，主要从事机器人产品及部件的检测、认证和校准，为行业提供标准化、技术培训、咨询、信息等服务，检测范围包括整机性能及安全可靠性、关键零部件、专项检测，检测能力涵盖标准101份，可检测能力808项，整体检测能力达到国际先进水平。国评中心的建设有力促进了自主知识产权机器人的研发与创新能力的提升，缩小了我国机器人技术与国外先进技术的差距，推进了机器人准入制度的建立及相关标准的制定，为我国机器人行业的快速发展保驾护航。

3. 国家工业机器人质量监督检验中心（广东）

国家工业机器人质量监督检验中心（广东）是国家市场监督管理总局批准成立的法定第三方国家级检测技术服务机构。该中心实验室面积为6000余平方米，拥有检测仪器设备500余台（套），原值近1亿元。检测能力范围覆盖机器人及其产业链，可开展机器人安全、可靠性、整机性能、环境适应性、电磁兼容及关键零部件等测试项目超2000项，涉及标准近300项，是华南地区唯一一家专门针对机器人产品及其零部件的质量检测、型式试验、企业中试、标准制修订、产品研发等"一站式"综合技术服务平台，也是国内具有广泛影响力、高技术水平的机器人检验检测机构之一。

4. 国家无人机系统质量监督检验中心

国家无人机系统质量监督检验中心主要依托单位为工业和信息化部电子第五研究所与深圳赛宝工业技术研究院，旨在建立无人机检测认证第三方公共服务平台、无人机产品质量技术创新平台和无人机检测技术人才培养基地，研究并完善无人机检验检测标准体系，促进无人机行业的高质量发展。

6.5 广东省智能机器人相关专利分析

6.5.1 广东省智能机器人专利申请趋势

从专利的视角展开分析广东省智能机器人技术创新，根据 IncoPat 专利数据库对广东省智能机器人领域专利进行检索，截至公开日 2022 年 11 月 1 日，共检索到相关公开专利 60 562 件。21 世纪初，广东省开始有少量智能机器人专利逐年被公开，直至 2021 年，智能机器人专利公开量一直保持增长态势，在 2016 年到达增速峰值 126.37%。2019 年，智能机器人专利公开量的增速减缓较大，从 2018 年 80.77% 的增速减缓至 2019 年 4.61% 的增速，但近两年增速有所回增（2020 年增速 16.80%，2021 年增速 15.95%）。总体而言，广东省智能机器人领域正处于高速发展阶段。

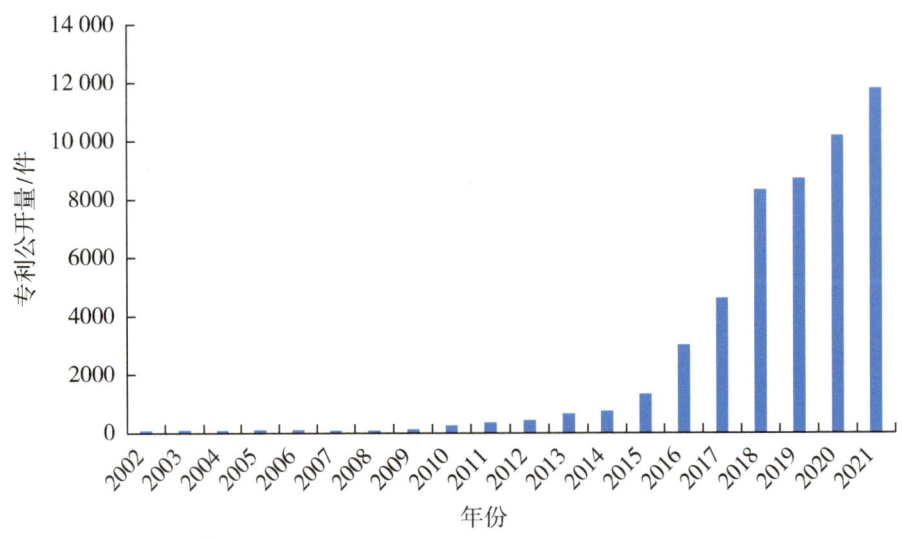

图 6-1 广东省智能机器人专利公开量趋势

6.5.2 广东省各地市专利质量分析

广东省各地市智能机器人专利数量及类型分布如表6-1所示。从区域上看，以深圳、广州、佛山、东莞为代表的珠三角城市在智能机器人领域的专利数量遥遥领先于粤东西北城市。其中，深圳专利数量稳居全省第一，是广州的两倍有余。从各专利类型上看，大部分城市专利类型分布相似，实用新型最多，其次是发明申请，再是外观设计，发明授权最少。其中，深圳发明申请、发明授权、实用新型、外观设计在数量上均排名第一。值得注意的是，佛山、珠海发明申请和发明授权占比较大；汕头外观设计专利数量排名全省第二，占全市智能机器人领域专利总量的75.58%。

表6-2中列举了广东省各地市有效率、授权率、平均价值度等反映质量的指标。从有效率上看，超过半数的地市智能机器人专利有效率超过70%，深圳、佛山、珠海、韶关等地市有效率超过80%，其中珠海达到91.99%，反映出上述地市在智能机器人领域专利总体质量较高。从授权率上看，广东省各地市智能机器人领域专利授权率不高，超过半数地市授权率低于50%。在专利数量较多的地市中，只有珠海授权率大于60%，表明广东省大部分地市发明专利质量有待提升。从平均价值度上看，广东省各地市智能机器人领域的平均价值度不高，普遍低于7，仅有珠海平均价值度大于8，表明广东省各地市在智能机器人领域专利质量有待提升。从高价值专利占比上看，广东省各地市在智能机器人领域高价值专利占比不高，在专利数量较多的地市中，只有深圳、佛山、东莞和中山高价值专利占比大于1%。

表6-1 广东省各地市智能机器人专利数量及类型分布

地市	专利数量/件	发明申请 数量/件	发明申请 占比	发明授权 数量/件	发明授权 占比	实用新型 数量/件	实用新型 占比	外观设计 数量/件	外观设计 占比
深圳市	26 428	8872	33.57%	3316	12.55%	10 159	38.44%	4081	15.44%
广州市	12 747	4279	33.57%	1573	12.34%	5175	40.60%	1720	13.49%
佛山市	6135	2183	35.58%	1027	16.74%	2268	36.97%	657	10.71%
东莞市	5548	1549	27.92%	430	7.75%	2812	50.68%	757	13.64%
珠海市	3343	1377	41.19%	544	16.27%	1152	34.46%	270	8.08%
汕头市	2658	117	4.40%	47	1.77%	485	18.25%	2009	75.58%
中山市	1048	305	29.10%	85	8.11%	515	49.14%	143	13.65%
惠州市	665	167	25.11%	60	9.02%	367	55.19%	71	10.68%
江门市	598	199	33.28%	51	8.53%	277	46.32%	71	11.87%
肇庆市	369	111	30.08%	46	12.47%	191	51.76%	21	5.69%
湛江市	266	89	33.46%	16	6.02%	131	49.25%	30	11.28%
清远市	209	62	29.67%	13	6.22%	122	58.37%	12	5.74%
河源市	173	13	7.51%	6	3.47%	144	83.24%	10	5.78%
揭阳市	161	36	22.36%	1	0.62%	83	51.55%	41	25.47%
韶关市	143	36	25.17%	10	6.99%	85	59.44%	12	8.39%
茂名市	103	13	12.62%	3	2.91%	73	70.87%	14	13.59%
潮州市	94	32	34.04%	2	2.13%	32	34.04%	28	29.79%
梅州市	93	20	21.51%	12	12.90%	36	38.71%	25	26.88%
汕尾市	62	13	20.97%	11	17.74%	32	51.61%	6	9.68%
云浮市	53	11	20.75%	5	9.43%	29	54.72%	8	15.09%
阳江市	40	9	22.50%	2	5.00%	24	60.00%	5	12.50%

表 6-2 广东省各地市专利质量相关指标

地市	有效率①	授权率②	撤回率②	驳回率②	平均价值度③	高价值专利占比④
深圳市	84.72%	59.67%	16.81%	23.52%	7.47	1.72%
广州市	74.73%	52.59%	25.54%	21.87%	7.04	0.99%
佛山市	87.02%	54.90%	19.82%	25.28%	7.75	1.03%
东莞市	74.98%	45.82%	37.54%	16.64%	6.58	1.08%
珠海市	91.99%	64.20%	3.88%	31.92%	8.06	0.57%
汕头市	50.59%	48.75%	28.75%	22.50%	4.06	0.26%
中山市	70.49%	42.35%	22.96%	34.69%	6.63	1.34%
惠州市	76.03%	52.68%	15.18%	32.14%	6.71	0.60%
江门市	75.87%	38.79%	28.45%	32.76%	6.70	0.00%
肇庆市	66.02%	38.14%	44.33%	17.53%	6.86	0.27%
湛江市	58.76%	50.00%	37.50%	12.50%	6.12	0.38%
清远市	76.35%	26.67%	60.00%	13.33%	6.36	0.96%
河源市	60.00%	35.71%	14.29%	50.00%	5.80	0.00%
揭阳市	42.06%	13.33%	46.67%	40.00%	5.11	0.00%
韶关市	82.57%	52.94%	11.76%	35.30%	7.01	0.00%
茂名市	45.05%	36.36%	36.36%	27.28%	5.17	0.00%
潮州市	52.24%	26.09%	60.87%	13.04%	4.74	1.06%
梅州市	65.75%	57.14%	21.43%	21.43%	5.85	0.00%
汕尾市	72.34%	0.00%	40.00%	60.00%	6.34	0.00%
云浮市	57.14%	62.50%	25.00%	12.50%	6.98	1.89%
阳江市	67.74%	40.00%	20.00%	40.00%	6.65	2.50%

① 有效率：有效专利数量/累计授权专利数量（包含发明专利、实用新型专利、外观设计专利）。

② 授权率、撤回率、驳回率：授权（撤回、驳回）发明专利数量/累计结案数。

③ 平均价值度：根据 IncoPat 平台给出的专利价值度计算的某地区单件专利价值度，专利价值度为 1~10。

④ 高价值专利占比：IncoPat 平台中专利价值度为 10 的专利数量/专利总量。

6.5.3 广东省专利申请人分布

广东省智能机器人领域专利申请人类型分布如图 6-2 所示,其中企业占比为 78%,大专院校占比为 10%,科研单位占比为 3%,个人占比为 9%,可见在广东省智能机器人领域,企业是创新的主体。企业作为专利申请人的占比较高,表明市场整体比较活跃。

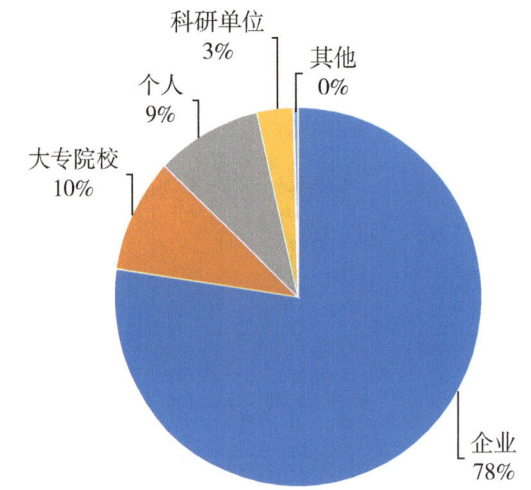

图 6-2 广东省智能机器人领域专利申请人类型分布

对广东省智能机器人领域有效发明专利第一申请人进行分析(图 6-3),排名前十的申请人有效发明专利数量占全省 26.50%。其中 5 家为企业,5 家为高校或科研机构。优必选、格力、博智林等企业,华南理工大学、广东工业大学、中国科学院深圳先进技术研究院等高校或科研机构在智能机器人领域有效发明专利数量较多。

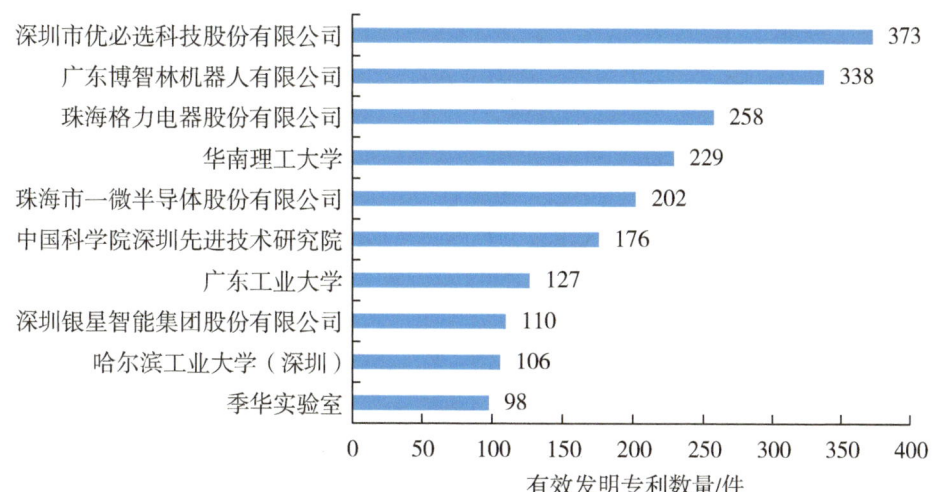

图 6-3　广东省智能机器人领域有效发明专利第一申请人排名

6.5.4　广东省专利技术功效分析

对广东省智能机器人专利技术功效趋势进行分析，排名前五的技术功效为"效率提高""复杂性降低""便利性提高""成本降低""稳定性提高"，表明上述 5 个方面是目前研究的主要方向（图 6-4）。从各技术功效趋势可知，提高效率是近年研究最集中的方向，复杂性降低和成本降低的关注度有所下降。

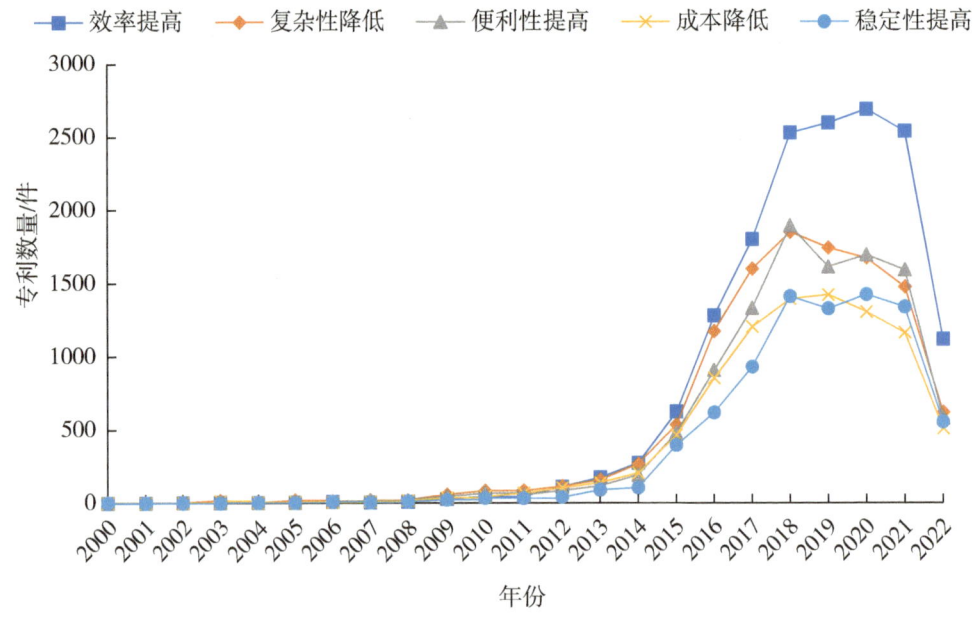

图 6-4 广东省专利技术功效趋势

广东省各地市智能机器人领域专利 IPC 主分类号（小类）分布如图 6-5 和表 6-3 所示，各地市在智能机器人领域的专利大部分都集中在 B25J（机械手；装有操纵装置的容器）上。从后续的 IPC 主分类号来看，广东省各地市分布较为类似，主要集中在 A47L（家庭的洗涤或清扫；一般吸尘器）、G05D（非电变量的控制或调节系统）、B65G（运输或贮存装置，例如装载或倾卸用输送机、车间输送机系统或气动管道输送机）、B23K（钎焊或脱焊；焊接；用钎焊或焊接方法包覆或镀敷；局部加热切割，如火焰切割；用激光束加工）等上。

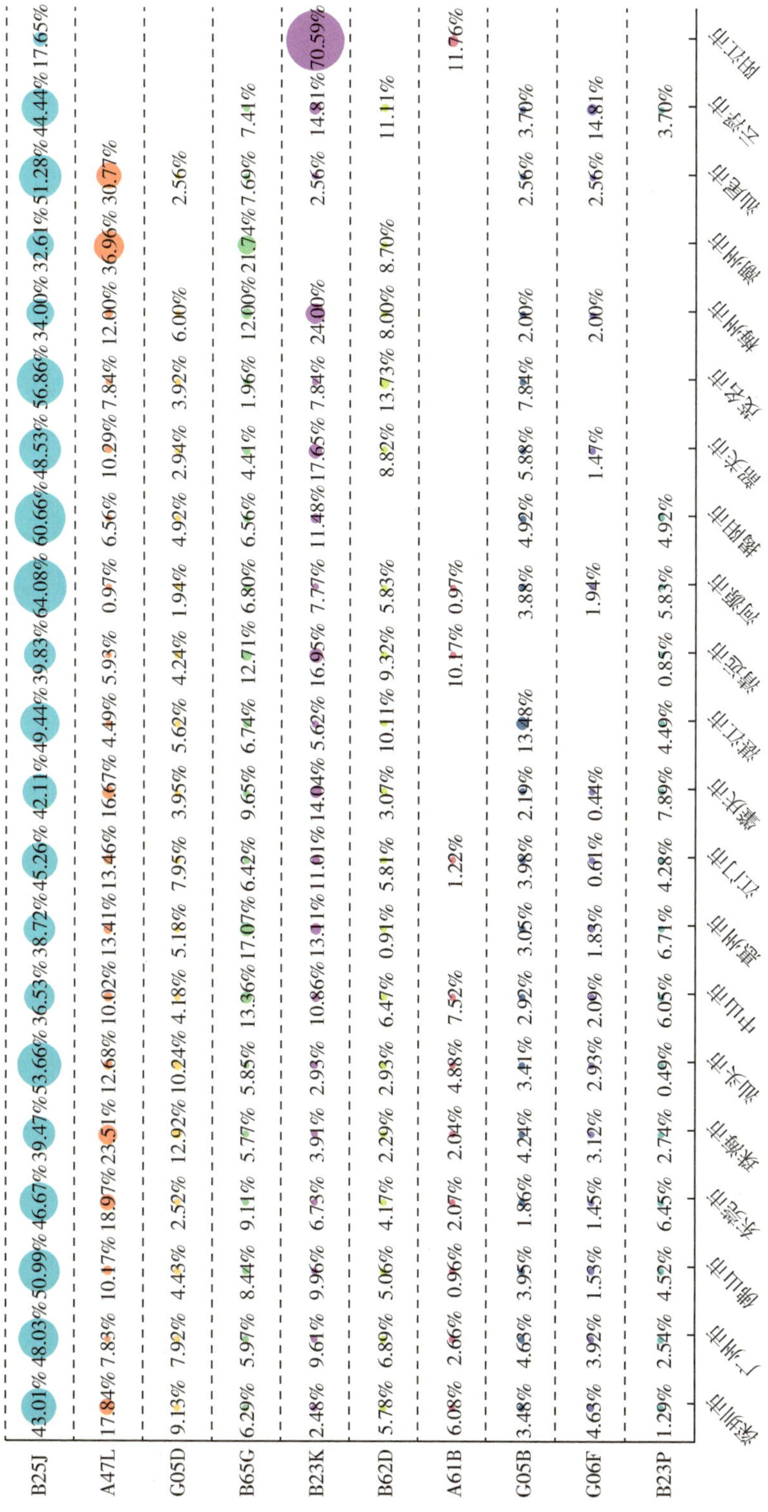

IPC	广州市	深圳市	珠海市	汕头市	佛山市	韶关市	河源市	梅州市	惠州市	汕尾市	东莞市	中山市	江门市	阳江市	湛江市	茂名市	肇庆市	清远市	潮州市	揭阳市	云浮市
B25J	43.01%	48.03%	50.99%	46.67%	39.47%	53.66%	36.53%	38.72%	45.26%	42.11%	49.44%	39.83%	64.08%	60.66%	48.53%	56.86%	34.00%	32.61%	51.28%	44.44%	17.65%
A47L	17.84%	7.83%	10.17%	18.97%	23.51%	12.68%	10.02%	13.46%	13.41%	16.67%	4.49%	5.93%	0.97%	10.29%	7.84%	6.56%	12.00%	36.96%		30.77%	
G05D	9.13%	7.92%	4.43%	2.52%	12.92%	10.24%	4.18%	5.18%	7.95%	3.95%	4.24%	4.92%	1.94%	2.94%	3.92%					2.56%	
B65G	6.29%	5.99%	8.44%	9.14%	5.85%	5.77%	13.36%	17.07%	6.42%	9.65%	12.71%	1.96%	6.80%	6.56%	4.41%	6.74%	12.00%	21.74%		7.69%	7.41%
B23K	2.48%	9.61%	6.75%	3.91%	2.93%	10.86%	13.01%	11.01%	14.04%	5.62%	16.95%	7.77%	11.48%	17.65%		24.00%	2.56%	14.81%	70.59%		
B62D	5.78%	6.89%	5.06%	4.17%	2.29%	2.93%	6.47%	0.91%	5.81%	3.07%	10.11%	9.32%	5.83%		8.82%	13.73%	8.00%	8.70%			11.11%
A61B	6.08%	2.66%	0.96%	2.07%	2.04%	4.88%			1.22%					10.17%	0.97%						11.76%
G05B	3.48%	4.68%	3.95%	1.86%	4.24%	3.05%	2.92%	3.41%	2.19%	13.98%	3.98%	3.88%				4.92%	5.88%	2.00%		2.56%	3.70%
G06F	4.63%	3.92%	1.53%	1.45%	3.12%	2.93%	2.09%	0.61%	1.94%				1.83%			1.94%	1.47%			2.56%	14.81%
B23P	1.29%	2.54%	4.52%	2.74%	0.49%	6.05%	6.71%	6.45%	5.83%	7.89%	4.28%	4.49%	0.85%	4.92%							3.70%

图 6-5 广东省各地市智能机器人领域专利 IPC 主分类号(小类)分布

表 6-3　广东省各地市智能机器人领域专利 IPC 主分类号（小类）分布

单位：件

IPC主分类号	注释	深圳市	广州市	佛山市	东莞市	珠海市	汕头市	中山市	惠州市	江门市	肇庆市	湛江市	清远市	河源市	揭阳市	韶关市
B25J	机械手；装有操纵装置的容器	6849	3372	1704	1353	950	110	175	127	148	96	44	47	66	37	33
A47L	家庭的洗涤或清扫；一般吸尘器	2841	550	340	550	566	26	48	44	44	38	4	7	1	4	7
G05D	非电变量的控制或调节系统	1454	556	148	73	311	21	20	17	26	9	5	5	2	3	2
B65G	运输或贮存装置，例如装载或卸用输送机、车间输送机系统或气动管道输送机	1001	419	282	264	139	12	64	56	21	22	6	15	7	4	3
B23K	钎焊或脱焊；焊接；用钎焊或焊接方法包覆或镀敷；局部加热切割，如火焰切割；用激光束加工	395	675	333	195	94	6	52	43	36	32	5	20	8	7	12
B62D	机动车；挂车	520	484	169	121	55	6	31	3	19	0	9	11	6	0	6
A61B	诊断；外科；鉴定	968	187	32	60	49	10	36	0	4	0	0	12	1	0	0
G05B	一般的控制或调节系统	554	325	132	54	102	7	14	10	13	5	12	0	4	3	4
G06F	电数字数据处理	737	275	51	42	75	6	10	6	2	1	0	0	2	0	1
B23P	未包含在其他位置的金属加工	206	178	151	187	66	1	29	22	14	18	4	1	6	3	0

第七章
广东省智能机器人产业区域分布

广东省智能机器人产业具有较强的发展基础和良好的发展格局，目前已形成以深圳、广州作为创新策源地，以东莞、珠海、佛山等珠三角重点城市为规模化生产配套基地，辐射带动粤东西北地区的分工明确、定位清晰、基础雄厚和韧性十足的发展格局，产业集群在创新力与影响力方面位于全国前列。

7.1 深圳市

7.1.1 产业发展概况

经过多年的发展，机器人产业已经独立发展为深圳市的战略性新兴产业，宏观经济的正向拉动、政策红利的持续释放，以及创新活力的不断加持，为深圳市机器人产业提供了优越的发展环境。近年来，深圳市机器人产业规模愈发庞大，企业优势十分明显。

此外根据爱企查数据，2021年深圳市机器人企业注册数量为2.7万家以上，同比增长26.4%，占全省机器人企业注册数量的32.7%以上，位居全省第二（图7-1）。可以看出，目前深圳市的机器人企业注册数量还在稳步增长，机器人产业仍然处于扩张期。

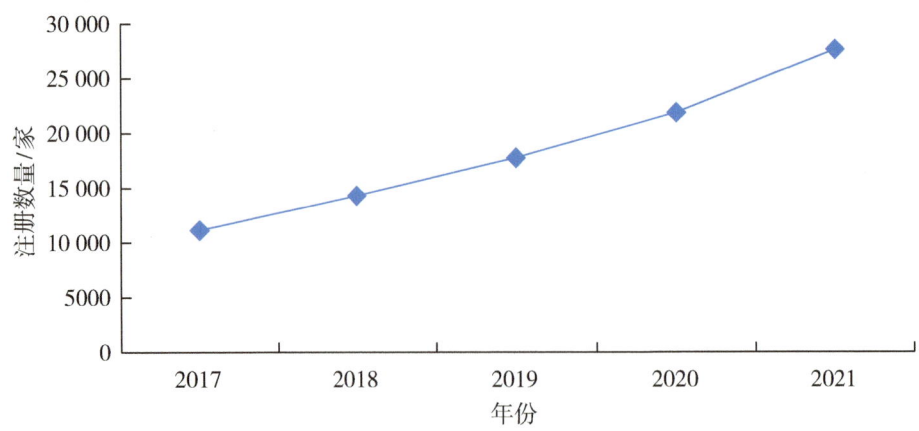

图 7-1 2017—2021 年深圳市机器人企业注册数量增长趋势
（数据来源：爱企查）

从区域发展角度分析，2021 年深圳市各区中机器人企业集聚程度较高的是宝安区、南山区、龙岗区，其次是龙华区和福田区。具体来说，宝安区机器人企业注册数量最多，占比约为 26%，宝安区在机器人产业领域发展迅速，机器人企业注册数量排名深圳市各区第一，涌现出了一批具有较强竞争力的新兴企业。南山区和龙岗区机器人企业注册数量差不多，占比均约为 17%。南山区创新型企业集聚，代表性机器人企业主要有众为兴、优必选、大疆创新等。龙华区（16%）、福田区（14%）也聚集了不少的机器人企业。龙华区主要以富士康片区为核心，建设以智能硬件、智能制造为主攻方向的人工智能重点实验室和产业（图 7-2）。

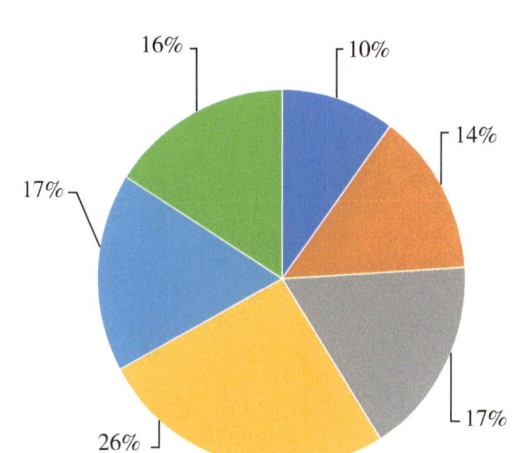

图 7-2　2021 年深圳市各区机器人企业注册数量占比情况
（数据来源：爱企查）

在投融资发展上，深圳市服务机器人行业投融资活动十分活跃。物流机器人作为新兴领域，投资热度剧增。据不完全统计，2021 年深圳市机器人行业融资的机器人企业累计达 488 家，约占广东省融资的机器人企业的 1/2，其中服务机器人企业占比高达 51.3%（图 7-3），资金流向主要为无人配送服务机器人、工业无人车、箱式仓储机器人等物流领域。深圳优艾智合机器人科技有限公司、深圳市欢创科技有限公司、劢微机器人科技（深圳）有限公司、深圳市海柔创新科技有限公司、深圳市普渡科技有限公司、深圳柳叶刀机器人有限公司等企业备受资本市场的认可，在 2021 年完成了多轮融资。并且，深圳市海柔创新科技有限公司、坎德拉（深圳）科技创新有限公司、未来机器人（深圳）有限公司、深圳优艾智合机器人科技有限公司、深圳市普渡科技有限公司等移动物流领域企业均完成了超 1 亿元的大额融资。

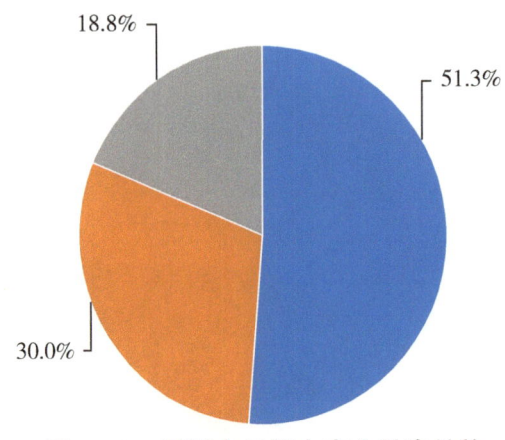

图 7-3　深圳市机器人产业融资结构

（数据来源：爱企查）

7.1.2　产业发展特色

受疫情影响，机器人成为抗疫主力军，产业呈爆发式增长。疫情刺激下，深圳市服务机器人产业化进程加快，其中物流机器人、协作机器人、医疗机器人发展尤为迅猛。

从技术发展来看，在产学研融合的道路上，深圳市不断探索新方式，自主创新能力不断跃升，服务机器人相关专利和奖项成果不断涌现。深圳市有强大的科创队伍，机器人企业重视研发投入，生产技术、工艺国际领先，拥有一批核心自主知识产权，主导或参与制定了相关领域技术标准。例如，优必选面向服务机器人研发了计算机视觉算法、智能机器人自主导航定位算法、ROSA 机器人操作系统应用框架、语音等核心技术。

从奖项情况来看，深圳市镭神智能系统有限公司参与完成的"厘米级型谱化移动测量装备关键技术及规模化工程应用"项目荣获国家科学技术进步奖二等奖。作为移动测量系统的核心传感器，深圳市镭神智能系统有限公司提出了采用固态激光雷达解决移动测量系统的高精度点云获取难题，满足地理空间信息获取的高时效、高精度点云需求。中国科学院深圳先进技术研究院和深圳市优必选科技股份有限公司等单位共同完成的"全自主服务机器人关键技术及应用"项目荣获广东省科技进步奖一等奖，该项目创建了"点面线"混合环境信息描述方法、异构多源信息融合技术及缺失信息推断技术，成功突破移动机器人超大型复杂动态场景建图导航技术，构建了通用机器人自主移动服务系统。该项目成果在疫情期间为定点医院打造了无接触解决方案，完成了智能化引导、主动测温、全面消杀等工作，并经联合国开发计划署推荐到卢旺达应用，目前已在全球15个国家实现商业化落地（表7-1）。

表7-1 2021—2022年深圳市智能机器人领域的部分科技奖项

类别	具体奖项	项目名称	参与的深圳市单位
国家级	科学技术进步奖二等奖	厘米级型谱化移动测量装备关键技术及规模化工程应用	深圳市镭神智能系统有限公司
省级	科技进步奖一等奖	全自主服务机器人关键技术及应用	中国科学院深圳先进技术研究院、深圳市优必选科技股份有限公司、深圳市烨嘉为技术有限公司、深圳市杉川机器人有限公司、墨子（深圳）人工智能技术有限公司
省级	科技进步奖二等奖	非接触智能语音交互系统	深圳市北科瑞声科技股份有限公司、北京大学深圳研究院、新声科技（深圳）有限公司
省级	科技进步奖二等奖	全自动智能制片卷绕及封装一体化关键设备研制及产业化	深圳市诚捷智能装备股份有限公司

数据来源：政府官网。

值得关注的是，5G加速推动了机器人技术和产品网络化发展，其中物流机器人异军突起，成为最活跃的细分领域。近年来，深圳市建设了物流机器人产业联盟，创办了诸多大赛，发布了物流行业白皮书。2021年9月24日下午，第16届中国（深圳）国际物流与供应链博览会高端论坛"2021中国物流机器人技术与应用大会"隆重召开，大会以"拥抱硬科技，赋能新物流"为主题，展望在全球产业变革、技术变革和消费变革下，物流与机器人这两个千亿元级产业不断碰撞互融的发展前景。大会正式发布了《2021深圳物流机器人行业发展白皮书》，并对2021年深圳市物流机器人应用大赛中表现优异的企业进行表彰。根据大赛评选结果，针对综合路演赛和场景方案赛设置了5个奖项，深圳市共有12家企业获奖。其中，深圳市综合路演赛获奖企业包括中芃科技、蓝因机器人等，场景方案赛获奖企业包括鲸仓科技、佳顺智能等（表7-2）。

表7-2 2021年深圳市物流机器人应用大赛获奖企业名单

类型	奖项类别	获奖企业
综合路演赛	创新项目奖	深圳市中芃科技物流有限公司
	创新项目奖	深圳小百自动化科技有限公司
	创新项目奖	深圳煜禾森科技有限公司
	创新项目奖	深圳市欧铠智能机器人股份有限公司
	创新项目奖	深圳蓝因机器人科技有限公司
	创新项目奖	深圳市井智高科机器人有限公司
	创新项目奖	深圳市镭神智能系统有限公司
场景方案赛	商业价值奖	深圳市鲸仓科技有限公司
	推广应用奖	深圳市佳顺智能机器人股份有限公司
	技术创新奖	深圳市海柔创新科技有限公司
	优秀案例奖	未来机器人（深圳）有限公司
	优秀案例奖	中国科学院深圳先进技术研究院
	优秀案例奖	深圳小百自动化科技有限公司

7.1.3 主要企业介绍

1. 深圳市汇川技术股份有限公司

深圳市汇川技术股份有限公司（简称"汇川技术"）创立于2003年，聚焦工业领域的自动化、数字化、智能化，专注"信息层、控制层、驱动层、执行层、传感层"核心技术，致力于工业自动化控制产品的研发、生产和销售，定位服务于高端设备制造商，以拥有自主知识产权的工业自动化控制技术为基础，以快速为客户提供个性化的解决方案为主要经营模式，持续致力于以领先技术推进工业文明，快速为客户提供更智能、更精准、更前沿的综合产品及解决方案，是国内工业自动化控制领域的佼佼者和上市企业，入选"2020胡润中国500强民营企业"，排名第93位。汇川技术在苏州、杭州、南京、上海、宁波、长春、香港等地拥有20余家分/子公司，2021年汇川技术研发投入为16.85亿元，拥有员工1.69万余人，其中专门从事核心平台技术研究、应用技术研究和产品开发的研发人员达3560人。工业机器人产品系列如图7-4所示。

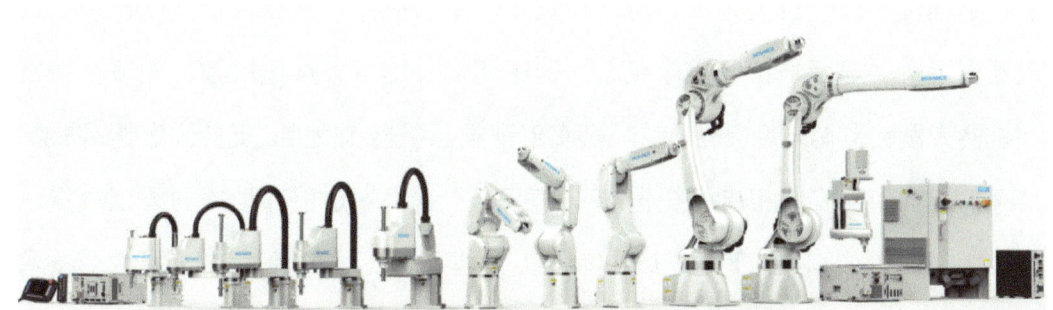

图7-4 工业机器人产品系列

SCARA系列工业机器人产品是一款高性能紧凑型机器人，具有高刚性、高速度和高灵活性等特点，配备高性能IRCB 500系列控制柜系统，具有很强的易用性和可靠性，SCARA系列机器人可提供250～400 mm的臂长，支持台面安装方式，广泛用于搬运、贴标、分拣、锁付、检测、插件、装配等应用场合，为大批量、柔性化生产保驾护航。

IR系列工业机器人最大臂长可达638 mm，最大负载可达3 kg，具有结构紧凑、轻巧、柔性化高、重复定位精度高、运动速度快等特点。配备IRCB 500系列控制框系统，具有很强的易用性和可靠性。广泛应用于3C、汽车等行业的搬运、分拣、点胶、装配等场合，助力高精高速的柔性生产。

IRCB 500系列控制柜是一款驱控一体控制柜，配合SCARA机器人和六轴机器人使用，具备结构轻便、功能丰富、安装简易、扩展方便等特点。这款控制柜适用的机器人机型包含正装IRS111系列3 kg、6 kg、10 kg、20 kg负载的SCARA机型，倒装IRS112系列3 kg、4 kg负载的SCARA机型，锁螺丝专机，以及IRS311系列3 kg、7 kg负载的六轴机器人。广泛应用于手机、TP、锂电、光伏、塑机（含玩具）、精品包装（天地盖）等行业。

InoRobotVision视觉软件立足工业应用现场，专注于定位引导和简单检测、识别类应用场景，与汇川技术的工业机器人紧密配合，为行业内客户的先进工艺技术提供一体化解决方案。与汇川技术全系列机器人深度融合，可直接控制机器人运动、显示通信及启停状态、程序切换及运行、点位示教，无须在视觉和机器人示教器两端反复切换，轻松实现视觉与机器人交互；支持固定俯/仰视、J2/J4/J6轴随动安装相机的全自动一键标定，省去标定板和烦琐的人工戳点，可缩短70%的标定时间，减少90%的人工操作量，同时兼容和支持汇川技术机器人与其他品牌机器人和模组的自动标定；内置Python语音，提供工程数据交互、点位计算、TCP/Fins/Modbus协议通信等函数接口，其他所有Python函数亦可使用，可谓简单灵活小工具实现视觉工程大用途；可简单拖拽包括文本框、显示框、下拉框、分页框在内的10余种界面工具，帮助用户实现自己的操作界面，界面可以引用工程中的图像、参数、标定等数据（图7-5）。

图 7-5　InoRobotVision 视觉软件

2. 深圳市优必选科技股份有限公司

深圳市优必选科技股份有限公司（简称"优必选"）成立于 2012 年，是一家集人工智能和人形机器人研发、平台软件开发运用及产品销售为一体的全球性高科技企业，提供包括商业服务、安防巡逻、机房巡检、公共卫生防疫在内的多行业解决方案，赋能新基建，推动各行各业服务智能化转型升级。优必选从人形机器人的核心原动力伺服舵机研发起步，逐步推出了消费级人形机器人 Alpha 系列、STEM 教育智能编程机器人 Jimu 和智能云平台商用服务机器人 Cruzr 等多款产品。2018 年，优必选估值 50 亿美元。

大型仿人服务机器人 Walker 的问世是优必选为实现"让机器人走进千家万户"这一目标迈出的坚实一步。Walker 具备 36 个高性能伺服关节，以及力觉、视觉、听觉、空间知觉等全方位的感知系统，可以实现平稳快速行走和灵活精准操作。Walker 具备了在常用家庭场景和办公场景下的自由活动和服务能力，开始真正走入人们的生活。Walker 通过步态规划与控制，能够实现在地毯、地板、大理石等不同材质地面的稳定行走，同时能够适应障碍物、斜坡、台阶、不平整地面等复杂环境。借助于先进的控制算法，Walker 能在快速行走的同时保持姿态稳定。Walker 在站立或行走过程中，受到外部冲击扰动或惯性扰动时，通过腿部的柔顺控制调整自己的本体姿态，从而可以保持自身的平衡。当外部扰动过大时，Walker可通过调整步态和控制算法来获得平衡。Walker拥有一对七自由度机械臂，可以实现更大的手臂操作空间，获得灵活操作能力及避障能力。通过与自身视觉感知、力感知的配合，Walker可以获得外部运动物体的位置及姿态信息，实时地配合运动物体进行相应的操作。Walker不再是刚性物体，实现了全身柔顺控制，与外界交互的时候自身会更加安全。当Walker受到外部冲击时，可以使自身不受到伤害。这使得Walker能够更好地适应外界的不确定性，提高自身的工作安全性和可靠性。Walker实现了视觉导航，可以获得外界环境中更加丰富的诸如轮廓、颜色、深度等环境信息，无须在环境中使用标记物等来帮助Walker进行定位，从而提高了其对运动物体的抗干扰能力，实现动态场景下更加高效、高精度、高稳定性的自主导航。Walker具备强大的机器视觉能力，可在复杂背景环境中检测识别相应的人脸、物体和场景。人体数据包括性别、年龄、身份、情绪、姿态等多种信息，物体数据包括位姿、类别、操作点等信息，为Walker进行交互和操作提供稳定的外部信息，场景识别包括Walker所处场景的种类和特征。Walker作为家庭智能中心，具备开放、灵活、丰富、便捷的智能家居接口，能够依据用户习惯和场景，协助用户自主控制灯光、电器和插座等常见家庭设备，提升家居智能性、安全性、便利性和舒适性（图7-6）。

图 7-6　大型仿人服务机器人 Walker

3. 深圳市大疆创新科技有限公司

深圳市大疆创新科技有限公司（简称"大疆创新"）成立于 2006 年，已发展成为空间智能时代的技术、影像和教育方案引领者。成立 16 年间，大疆创新的业务从无人机系统拓展至多元化产品体系，在无人机、手持影像系统、机器人教育等多个领域成为全球领先的品牌，以一流的技术产品重新定义了"中国制造"的内涵，并在更多前沿领域不断革新产品与解决方案。

自大疆创新创立起，从第一代飞控系统到无人机系统和手持影像系统，消费级产品已远销超过 106 个国家和地区。旗下产品包括无人机系统御 Mavic 系列、悟 Inspire 系列、晓 Spark 系列和精灵 Phantom 系列，手持影像系统灵眸 Osmo 系列和如影 Ronin 系列，以及配套的 DJI FPV 系列和相机云台系列，产品覆盖了电子消费、摄影器材、户外运动、百货家电、玩具潮品、电信运营等众多领域。

大疆创新致力于将前沿科技与教育结合，用有趣的方式，让更多学生和年轻人接触科技教育，激发他们学习的热情，使他们在实践中成长。从2013年首次举办RoboMaster大学生夏令营开始，历经多年的探索与沉淀，大疆创新逐渐形成了以机器人为核心，集产品、课程、赛事于一身的教育体系。从面向高校学生的机甲大师赛和人工智能机器人，到面向中小学群体的机甲大师S1教育机器人、机甲大师EP教育拓展套装、青少年挑战赛、高中生假期营，大疆创新正一步步开拓多种场景下不同年龄段的机器人教育市场，打造一条覆盖全学龄段的创新人才培育链路，让每一位青少年都能享受系统化、高品质的工程教育。

大疆创新以"重塑生产力"为使命，致力于为政府、公共事业机构及企业客户呈现更加智能、高效、安全的未来。大疆创新与合作伙伴及开发者一道，以开放融合的姿态共同发展无人机技术产业生态，提供包括无人机飞行平台、多样化负载、专业软件、售后服务与飞行培训在内的无人机行业解决方案，并以"+无人机"的理念不断革新、开放技术，助力实现产业生态智能化升级。大疆创新无人机解决方案已在全球多个国家和地区的公共安全、能源、农业、建筑、基础设施等领域得到广泛应用。

大疆创新自2012年开始将无人机技术应用于农业领域，并于2015年设立大疆农业品牌。基于领先的无人机产品与多年的技术积累，大疆创新联合合作伙伴，共同构建了以人才培养、产品提升、药剂优化、技术升级为核心的飞防生态。旗下的MG系列、T16植保无人飞机、T20植保无人飞机、多光谱无人机P4M、农田测绘无人机P4R、大疆智图、大疆农服APP等产品在多个种植区域实现了应用。

4. 深圳市大族机器人有限公司

深圳市大族机器人有限公司（简称"大族机器人"）为大族激光科技产业

集团股份有限公司投资组建,是在大族机器人研究院 100 多人的研发团队基础上孵化而成的国家高新技术企业和国家级专精特新"小巨人"企业。大族机器人成立于 2017 年 9 月,在佛山和深圳设有生产与研发基地,在天津、无锡、成都和德国斯图加特设有子公司和办事处。大族机器人致力于智能协作机器人在工业、医疗、物流、教育、服务等领域的研发、推广和应用,成为智能机器人时代的全球领导者。基于 10 多年的电机、伺服驱动和运动控制经验,围绕智能机器人业务,大族机器人开发了机器人电机、伺服驱动器、机器人控制器、机器视觉等机器人核心功能部件,现已成功推出以协作机器人 Elfin、多感知智能机器人助手 MAiRA、多感知自动导航车 MAV、复合机器人 STAR 等为代表的高性能机器人产品。大族机器人还与合作伙伴一起进行机器人在各种领域的应用开发。

5. 深圳银星智能集团股份有限公司

深圳银星智能集团股份有限公司(简称"银星智能")成立于 2005 年,员工 1600 余人,专注为客户提供家庭服务机器人整机方案设计服务、制造服务及增值服务,是一家集研发、生产、销售于一体的国家高新技术企业,也是中国服务机器人行业的龙头企业。2020 年,中国海关出口数据显示,出口的扫地机器人里每 4 台中就有 1 台来自银星智能。作为扫地机器人行业领导者,2017 年银星智能率先提出"OPM 商业模式",从产业协同的角度服务客户,打破传统的上中下游产业链的常规模式,通过整合上游资源,为客户提供整机和一体化的服务。2018 年开始,银星智能通过 OPM 模式为 SEB(赛博集团)、Bissell(必胜)等国内外知名企业服务,帮助客户大幅降低自研成本。

6. 深圳市金大智能创新科技有限公司

深圳市金大智能创新科技有限公司(简称"金大智能")是一家专注于智能机器人的 OEM/ODM 制造商,也是一家具有软件开发、硬件设计、平台搭建能力的创新型一站式人工智能产品落地服务商。金大智能拥有2个研发中心、超过150人的研发团队、接近25 000平方米的无尘电子装配车间、10多条智能产品加工生产线，年出货量超300万台，用户覆盖全球20多个国家、400多个城市。专业提供智能产品的开发与设计、模具设计及制作、注塑、SMT/PCBA、电子成品装配与测试、品质管理与售后等全栈式落地服务。主要产品有智能家居虚拟机器人、教育/养老陪伴机器人、银行咨询机器人、无人机、AR眼镜、手持云台、人脸识别闸机、美容智能产品、智能测温机器人等。产品已经渗透到各行各业，并且已形成成熟的落地应用，涉及金融、医疗、商业、交通、学校、美容等领域。

7.2 广州市

7.2.1 产业发展概况

作为全国三大通信枢纽、互联网交换中心和互联网三大国际出口之一，依托于人工智能、5G技术、数字经济、物联网等，广州市机器人产业链条日趋完善，集聚效应正逐步凸显，机器人相关企业注册数量在全省排名第一，发展规模不断壮大，在汽车、教育、医疗、农业、军事、城市等方面的应用进一步拓展。

根据爱企查统计数据，2021年广州市机器人企业注册数量为3.3万家以上，占全省机器人企业注册数量的近40%，同比增长22.8%。近年来，广州市机器人企业注册数量保持持续增长（图7-7）。

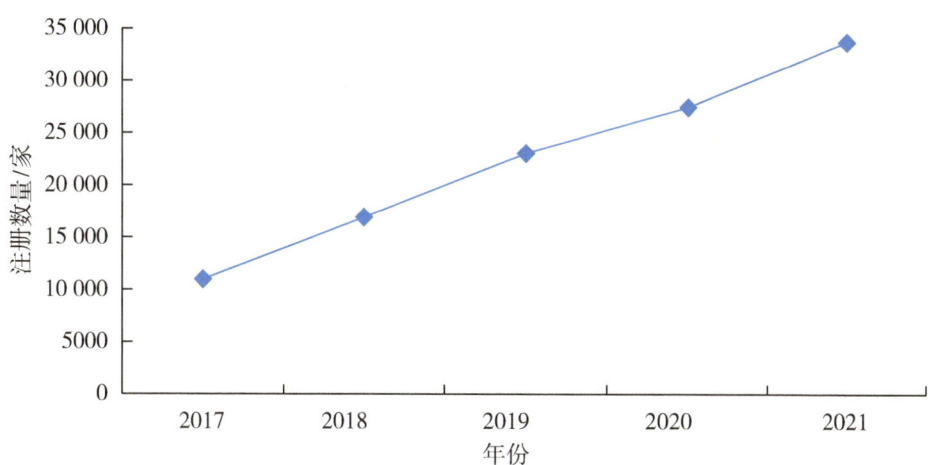

图7-7　2017—2021年广州市机器人企业注册数量增长趋势

（数据来源：爱企查）

2021年广州市各区机器人企业注册数量占比情况如图7-8所示。从企业注册数量来看，天河区聚集的机器人企业最多，达到10 518家，占比约为31%，其次是黄埔区和番禺区，为4459家，并列第二，占比约为13%；其他各区，如南沙区、白云区分别达到3497家、3333家。从区域发展角度分析，天河区、

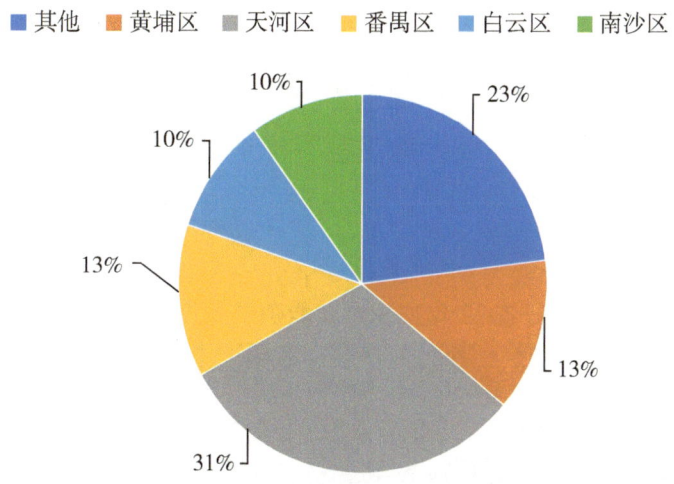

图7-8　2021年广州市各区机器人企业注册数量占比情况

（数据来源：爱企查）

黄埔区在机器人产业领域发展迅速，诞生了一批具有较强竞争力的机器人骨干企业，如广州数控、瑞松科技、明珞装备、昊志机电等，基本形成了从上游关键零部件、中游整机到下游应用集成的完整链条。

7.2.2 产业发展特色

从技术发展来看，广州市围绕智能机器人产业创新链全过程，强化全链条核心技术攻关，在核心零部件、本体制造及集成应用整个工业机器人产业链上具有较强竞争力。

从区域分布来看，2021年广州市机器人产业专利成果主要集中于黄埔区，黄埔区工业机器人企业众多，科技创新总含量较高，引领广州市机器人产业创新发展。

从奖项情况来看，2021—2022年广州市获得众多智能机器人相关科学技术奖项，其中包括1项2020年度国家科学技术奖、3项2021年度广东省科学技术奖（表7-3）。项目"基于北斗的农业机械自动导航作业关键技术及应用"突破了导航定位、路径跟踪、电液转向、电机转向、速度线控、机具操控、自动避障、主从导航、车载终端和系统集成等10项关键技术，通过农机转型促进农业转型升级，极大地促进了智能制造和工业机器人在农业领域的发展。

表7-3 2021—2022年广州市智能机器人领域的部分科技奖项

类别	具体奖项	项目名称	参与的广州市单位
国家科学技术奖	国家科学技术进步奖二等奖	基于北斗的农业机械自动导航作业关键技术及应用	华南农业大学

续表

类别	具体奖项	项目名称	参与的广州市单位
广东省科学技术奖	自然科学奖二等奖	多重不确定性下的机器人系统精准操控及协同控制理论与方法	华南理工大学
	技术发明奖二等奖	院感防控智能医疗机器人关键技术及应用	广东技术师范大学、广州赛特智能科技有限公司、广东省科学院智能制造研究所
	科技进步奖二等奖	视觉数据智能分析与理解关键技术及其产业化应用	华南理工大学、广东利通科技投资有限公司、广东南方海岸科技服务有限公司、广东新粤交通投资有限公司、奥比中光科技集团股份有限公司

数据来源：政府官网。

7.2.3 主要企业介绍

1. 广州数控设备有限公司

广州数控设备有限公司（简称"广州数控"）被誉为"中国南方数控产业基地"，是国内技术领先的专业成套机床数控系统供应商。广州数控秉承科技创新，以核心技术为动力，以追求卓越品质为目标，以提高用户生产力为先导，主营业务有数控系统、伺服驱动、伺服电机研发生产，数控机床连锁营销，机床数控化工程，工业机器人、精密数控注塑机研制，数控高技能人才培训等。广州数控是国内最大的机床数控系统研发、生产基地，科研开发人员800多人，年投入科研经费占总销售收入的8%以上，年新产品收入占总销售收入的75%以上。2016年，广州数控获批建立"数控系统及工业机器人技术国家地方联合工程研究中心"，通过了首批中国机器人产品认证（CR认证）。2017年，荣获国家科学技术进步奖二等奖、中国机器人年度评选金手指奖。2018年，通过了工业和信息化部"符合《工业机器人行业规范条件》企业（第一批）"的认定。2019年，广州数控第三产业园（工业机器人产业园）正式开工建设，规划年产3万台机器人。2021年，RB08A3、RB35、RH06A2、RMD08、RMD20通过国内CR，国外CE、EAC认证。2022年，广州数控的机器人产品通过了上海机器人产业技术研究院可靠性试验中心7万小时MTBF测试。RB20A3通过国内CR，国外CE、EAC认证。目前，广州数控已研制出工业机器人整机产品40多款，并持续优化，负载覆盖3～600 kg，自由度4～7，具备搬运、焊接、码垛、上下料、装配、分拣、打磨、抛光、涂胶等功能，在国产工业机器人中技术水平、产销量均处于领先地位，广泛应用于机床、汽车、家电等行业，为客户提供成套智能装备解决方案（图7-9）。

图7-9　广州数控全系列工业机器人

2. 广州瑞松智能科技股份有限公司

广州瑞松智能科技股份有限公司（简称"瑞松科技"）成立于2012年8月，注册资本6736.0588万元，现有员工约700人，其中研发技术人员约占1/3。瑞松科技是一家专注于机器人、工业软件及智能制造领域的研发、制造、应用和销售，并为客户提供柔性自动化、智能化系统解决方案的高新技术企业。2020年，瑞松科技成功在上海证券交易所科创板上市。总部设在广州，占地面积100亩，首期建筑面积5万平方米。2021年，瑞松科技产值达9.56亿元。

瑞松科技旗下拥有3家国家高新技术企业，是国家级专精特新"小巨人"企业，被列为工业和信息化部2020年工业互联网试点示范项目、工业和信息化部2020年工业企业知识产权运用试点企业、工业和信息化部智能制造示范基地项目，是广东省战略性新兴产业骨干企业、首批广东省机器人骨干企业、2020年广东省人工智能培育企业，拥有广东省机器人智能焊接工程技术研究中心、广东省机器人数字化智能制造技术企业重点实验室、广州市院士专家工作站。瑞松科技园建设项目被列入广东省发展改革委重点项目。瑞松科技是国际机器人联合会（IFR）委员单位、中国机器人产业联盟副理事长单位。在自动化柔性化程度最高、工业机器人应用最广泛的汽车工业领域，瑞松科技在国内汽车智能装备方面处于领先地位，是国内最具规模的汽车装备技术研发生产商，为汽车制造行业提供大量的各系列焊接、装配、搬运、涂装等机器人自动化生产线。瑞松科技长期服务的客户有广汽集团、长安集团、东风集团、丰田、本田、吉利、比亚迪、小鹏、零跑等汽车制造企业，以及德赛电池、日立电梯、三一重工、中联重科、广东富华、广西建工、中集集团、广船国际、中船黄埔、五羊本田、格力、美的等企业。同时，瑞松科技致力于智能制造领域的新工艺、新装备的研究、开发与应用，包括机器人搅拌摩擦焊、机器视觉系统、3D激光寻位跟踪系统、柔性机器人制造与智能传送系统、机器人模拟与仿真、系统离线调试等技术的研发。

3. 高新兴科技集团股份有限公司

高新兴科技集团股份有限公司（简称"高新兴"）总部位于广州，是智慧城市物联网产品与服务提供商。自1997年成立起，研发基于物联网架构的感知、连接、平台层相关产品和技术，从下游物联网行业应用出发，以全息智能技术和泛在通信技术两大核心共性技术为基础，融合大数据和人工智能等技术，实现物联网"终端+应用"纵向一体化战略布局，业务聚焦于车联网及智慧交通、公共安全两大高价值战略赛道，构筑物联网大数据应用产业集群，服务全球逾千家客户。

高新兴全面布局物联网大交通领域，立足 5G+V2X 通信、人工智能、超高频 RFID、增强现实、大数据分析挖掘等核心技术的研发，以全系列智慧交通方案及全栈式智能网联解决方案助力交通更安全、更智慧。高新兴深耕公共安全领域 10 余载，以物联网、人工智能、大数据、视频等技术为核心，服务于科信、法制、交通、监管、治安、缉私等警种做应用型产品。聚焦智能安防和城市治理，通过自主创新和资源整合，构建智慧执法、智慧终端、智慧新警务、实景 AR 等核心业务体系，致力于打造城市全域的防控体系，创新新型城市治理格局，加快公共安全信息化、智能化转型进程。

巡逻机器人是一款综合采用 5G、人工智能、物联网、云计算和大数据等技术，集成环境感知、动态决策、行为控制和报警装置，具备自主感知、自主行走、自主保护、自主识别等能力，可帮助人类完成基础性、重复性、危险性的安保工作，推动安保服务升级，降低安保运营成本的多功能综合智能装备（图 7-10）。

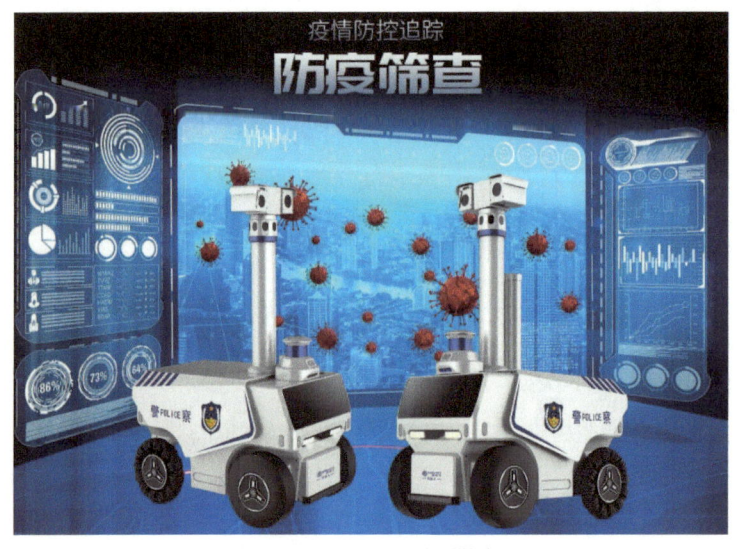

图 7-10　巡逻机器人

4. 广州市井源机电设备有限公司

广州市井源机电设备有限公司（简称"井源机电"）是一家专注于移动机器人、自动化物流、智能装备成套系统的国家高新技术企业。井源机电拥有"JYME"和"MAX AGV"两大移动机器人品牌，形成了包括激光导航、电磁导航、视觉导航、磁带导航四大系列，300 kg～50 t多个规格，叉车型、装配型、承载型、牵引型等种类完善的产品体系。井源机电先后获得国家发明专利、实用新型专利、软件著作权近百件，被评为广东省诚信示范企业、科技小巨人企业、中国物流机器人知名品牌、广东省无人驾驶自动车辆工程技术研发中心、广东省机器人骨干企业、广东省战略性新兴产业骨干企业。

7.3 东莞市

7.3.1 产业发展概况

近年来，东莞市坚持制造业立市不动摇，积极融入粤港澳大湾区大局，智能机器人产业取得快速发展。东莞市是国际制造名城，是粤港澳大湾区的制造重镇。东莞市聚焦科技创新和先进制造，开展产业核心技术攻关，极大地促进了机器人技术和产品创新，尤其是在机器人系统集成、核心零部件和智能装备上不断取得新成果。近年来，东莞市机器人企业注册数量激增，增长趋势如图7-11所示。根据爱企查统计数据，2021年东莞市机器人企业注册数量超过1万家，约占全省机器人企业注册数量的11.8%，同比增长40.9%。

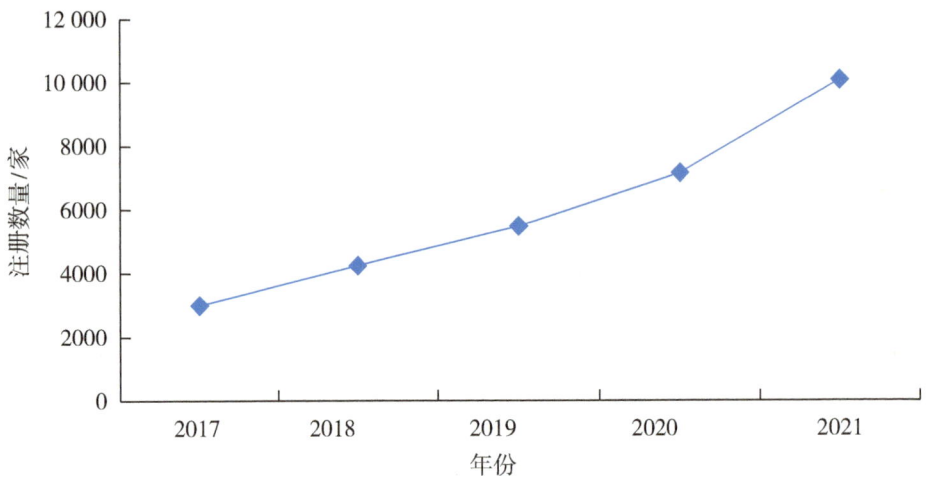

图 7-11　2017—2021 年东莞市机器人企业注册数量增长趋势

（数据来源：爱企查）

7.3.2　产业发展特色

从技术发展来看，东莞市的机器人产业主要聚集在工业机器人领域，从产业链上游的核心零部件到下游的机器人应用进行全链条布局。东莞市通过重点培育核心零部件企业和机器人系统集成商，推动机器人用伺服系统、控制器相关企业创新能力快速提升，电子信息制造业、电气机械及设备制造业智能机器人渗透率逐年增强。

从区域分布来看，松山湖和谢岗镇智能机器人产业聚集效应较好，其中松山湖国际机器人产业基地主要由东莞市政府高标准规划建设，旨在打造具备国际影响力的集研发、生产、销售和服务于一体的智能机器人产业发展聚集区，是东莞市首个广东省创业孵化示范基地。在政策扶持、经济支持等一系列举措下，重大创新平台与高端人才正加速向松山湖国际机器人产业基地聚集，目前已聚集了超 900 家机器人企业，其中包含了拓斯达、李群自动化、天机智能等拥有自主知识产权的机器人企业。

第七章 广东省智能机器人产业区域分布

从投融资角度来看,据不完全统计,2021年东莞市机器人行业完成融资的机器人企业累计86家,约占广东省机器人融资企业的1/10,其中工业机器人企业占比达50.0%(图7-12)。资金流向主要为机械手、移动机器人等工业机器人领域,机器人关键零部件、智能装备制造等中高端技术领域的投融资市场也迅猛增长。获得融资的企业主要有松灵机器人(东莞)有限公司、广东弓叶科技有限公司、东莞市本末科技有限公司、广东乐生智能科技有限公司等。其中,专注于移动机器人领域的松灵机器人(东莞)有限公司和研发固废分选机器人的广东弓叶科技有限公司均完成了超1亿元的大额融资。

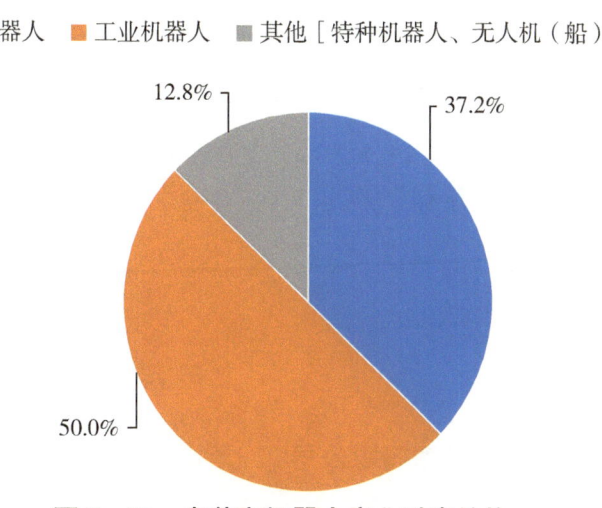

图7-12 东莞市机器人产业融资结构
(数据来源:爱企查)

从奖项情况来看,2021年东莞市共斩获3项机器人相关大奖,其中包含2项创新东莞科学技术奖和1项广东省科学技术奖(表7-4)。广东华中科技大学工业技术研究院牵头完成的广东省技术发明奖一等奖项目"自主无人艇机集群跨域协同关键技术及应用"突破了异构无人艇集群相变调控、超稳定抗扰自主控制、多艇多源环境感知与高精目标识别跟踪等关键技术,开发了矢量喷推等核心功能部件和成套装备，攻克了无人艇机集群快速组网编队与海域任务切换、海洋设施海空跨域立体探测、高能量密度矢量喷水推进等系列难题。成果应用于深中跨海隧道同步探测、珠江口港口航道监测、南海油气资源探测、大湾区水域污染治理等重大工程，为我国海洋强国战略需求提供了具有自主知识产权的无人艇机集群跨域协同关键技术及核心装备。

表 7-4 2021 年东莞市智能机器人相关科技奖项

类别	具体奖项	项目名称	参与的东莞市单位
广东省科学技术奖	技术发明奖一等奖	自主无人艇机集群跨域协同关键技术及应用	广东华中科技大学工业技术研究院
创新东莞科学技术奖	科技进步奖一等奖	面向 3C 产业的双臂柔性协作机器人核心技术研发与产业化	广东松庆智能科技股份有限公司
	科技进步奖二等奖	智能视觉检测核心硬件及软件技术研究与应用	广东奥普特科技股份有限公司

数据来源：政府官网。

7.3.3 主要企业介绍

1. 东莞市李群自动化技术有限公司

东莞市李群自动化技术有限公司（简称"李群自动化"）（Quotient Kinematics Machine）成立于 2011 年 3 月 14 日，总部设立于东莞松山湖高新区。自成立以来，李群自动化始终以"为全球制造企业提供卓越的机器人产品和服务"为使命，专注于轻量型高端工业机器人的研发、生产、销售与应用，致力于为制造企业、系统集成商、科研机构等用户提供创新型的机器人产品、服务与整体解决方案，通过构建智能化的生产系统及过程，帮助企业提升制造力。李群自动化具备机器人控制、驱动、视觉等核心技术，关注轻量级、高性能机器人产品及应用技术的研发,产品主要应用于3C、玻璃、精密机械、食品、日化品、新能源、医药制品等行业的快速分拣、装配、装箱等领域(图7-13)。

图7-13　李群自动化新一代月饼包装线

2. 广东拓斯达科技股份有限公司

广东拓斯达科技股份有限公司(简称"拓斯达")成立于2007年,总部位于广东省东莞市大岭山镇,注册资本4.26亿元。拓斯达坚持"让工业制造更美好"的企业使命,通过以工业机器人、注塑机、CNC为核心的智能装备,以及控制、伺服、视觉三大核心技术,打造以核心技术驱动的智能硬件平台,为制造企业提供智能工厂整体解决方案。截至2021年12月,拓斯达已在全国设有近50家办事处,触达客户超20万家,服务客户超15 000家(图7-14)。

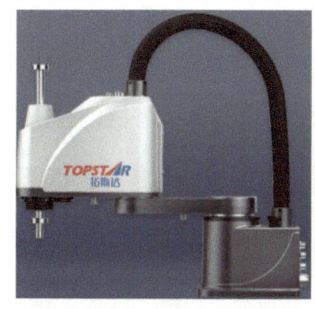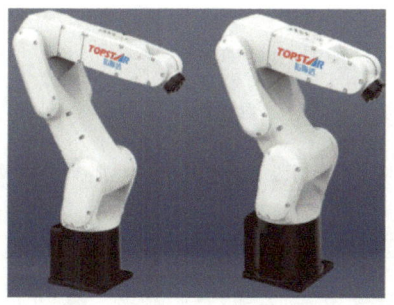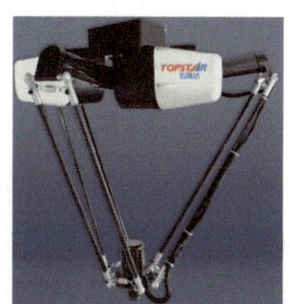

图7-14　拓斯达产品

3. 云鲸智能科技（东莞）有限公司

云鲸智能科技（东莞）有限公司（简称"云鲸"）创立于2016年，是一家立足家用机器人领域，致力于研发革命性科技产品的企业。作为一家机器人创新企业，云鲸横跨了SLAM、三维感知、人工智能物体识别、机器人结构技术、大数据应用等多个领域，目前已在多个方向取得突破，已累计申请了400多件技术专利。云鲸团队历经3年研发出可自清洁拖布的拖扫一体机器人"小白鲸"，获美国《时代》杂志2020年最佳发明、爱迪生发明奖金奖等大奖（图7-15）。

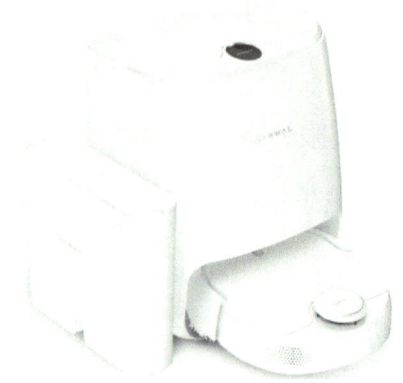

图 7-15　云鲸拖扫一体机器人

4. 伯朗特机器人股份有限公司

伯朗特机器人股份有限公司（简称"伯朗特机器人"）是一家研发、生产、销售工业机器人、机械手及零配件的高新技术企业，于2008年在广东省东莞市创立，注册资本2.25亿元。伯朗特机器人研发生产的工业机器人、机械手多达20多种，应用于产品包装、注塑、上下料、装配、金属加工、电子装备、搬运、冲压、打磨、跟踪、焊接、机床、码垛、喷涂、压铸、折弯等领域，为客户提供多种选择，致力于全面满足市场需求（图7-16）。

图 7-16 伯朗特产品

7.4 珠海市

7.4.1 产业发展情况

近年来,珠海市依托一批智能制造优势企业,全力推进智能制造与机器人产业加速发展。2021年,珠海市机器人企业注册数量达2365家,占全省机器人企业注册数量的2.77%,同比增长66.2%。近年来,珠海市机器人企业注册数量不断增长,增长趋势如图7-17所示。

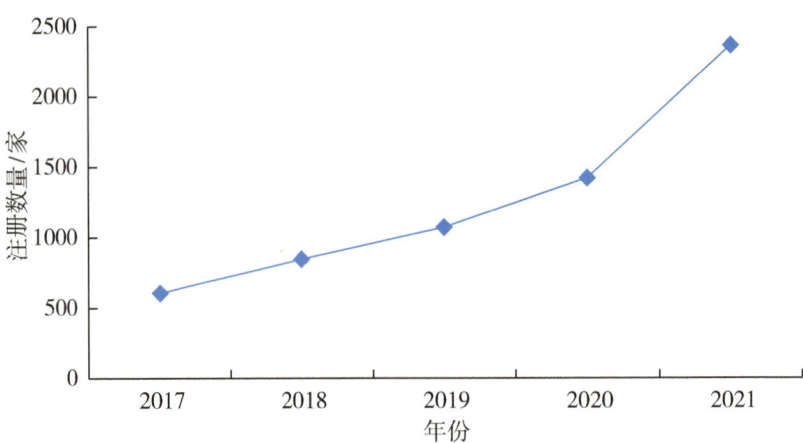

图 7-17　2017—2021 年珠海市机器人企业注册数量增长趋势
（数据来源：爱企查）

2021 年珠海市各区机器人企业注册数量及其占比情况如图 7-18 所示，可见珠海市机器人企业主要聚集在香洲区。珠海高新技术产业开发区（简称"珠海高新区"）位于香洲区，是国家高新区之一。珠海市近八成机器人企业聚集在珠海高新区，代表企业有 ABB 机器人、云洲智能、罗西尼等。肩负"珠海高质量发展龙头"使命的珠海高新区集聚产业发展新动能，重点发展信创、人工智能与机器人等前沿产业。

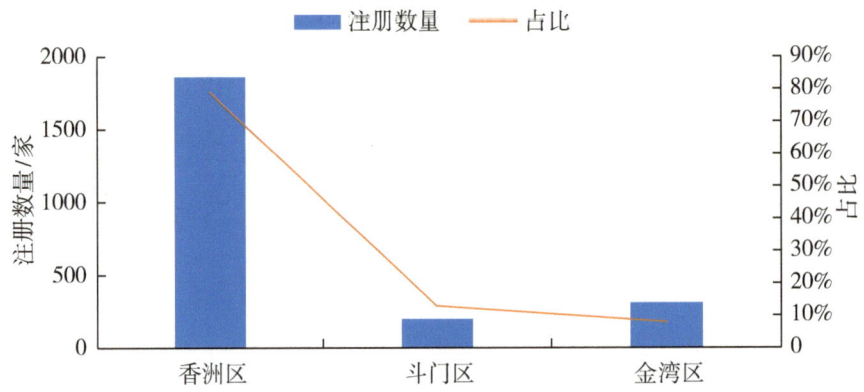

图 7-18　2021 年珠海市各区机器人企业注册数量及其占比情况
（数据来源：爱企查）

7.4.2 产业发展特色

珠海市智能机器人技术发展走专精特新路线，在细分领域深耕，独具特色。例如，云洲智能研制出世界第一艘环保无人船、中国第一艘海洋调查无人艇、隐身无人艇，占全国无人船艇市场约90%的份额；丽亭RAY智能停车机器人系统运用于北京大兴国际机场；广东若贝特智能机器人的并联机器人应用于民用、军用领域；一微半导体研发服务机器人运动控制算法和芯片，全面覆盖从入门级到高端级的扫地机器人产品，在性价比和低功耗方面具有独特的市场优势。

7.4.3 主要企业介绍

1. 珠海格力智能装备有限公司

珠海格力智能装备有限公司（简称"格力智能装备"）是格力电器旗下的全资子公司，成立于2015年9月，是一家集研发、生产、销售、服务于一体的智能装备生产企业，以"精工品质，格力创造"为宗旨，坚持自主研发、精益制造，已获评广东省机器人骨干企业、珠海市智能装备工程技术中心。目前，格力智能装备产品覆盖了伺服机械手、工业机器人、智能仓储装备、智能检测、换热器专用机床设备、无人自动化生产线体、数控机床等10多个领域，拥有超百种规格产品。格力智能装备现有员工近千人，设有多个研发单位，其中有70%以上人员从事研发相关工作，年提交国家发明专利申请超百件。格力智能装备在广东省珠海市设立了3个研发和生产基地，总面积约30万平方米，主要用于工业机器人、数控机床、自动化设备、自动化生产线体的孵化和产业化，并在武汉、杭州、重庆规划和建设多个基地。格力智能装备将继续巩固"1个研发中心、4大生产基地、7处技术服务中心"的产业格局，重点发展工业自动化设备、机器人、数控机床三大产业,全方位打造智能装备产业链。基地建成后格力智能装备年产值可达百亿元。

2. 珠海云洲智能科技有限公司

珠海云洲智能科技有限公司(简称"云洲智能")创立于2010年,是一家专注于无人船艇研发、生产、销售与提供行业解决方案的高科技企业。10多年来,云州智能始终坚持自主创新,勇闯科技探索"无人区",掌握无人船艇自主航行、智能避障、协同控制等多项核心技术,业务涉及智慧水域管理、海洋工程、公共安全等领域,产品销往40多个国家和地区。云洲智能致力于用智能科技探索海洋、保护海洋、经略海洋,为传统水上作业带来智能化、无人化变革,推动世界进入水上智能时代(图7-19)。

图7-19 云洲智能ME120巡航监测无人船

3. 珠海飞马传动机械有限公司

珠海飞马传动机械有限公司(简称"珠海飞马")是由志富(中国)有限公司、西北工业集团有限公司、意大利O.M.G集团共同投资组建,专业从事工业机器人用精密行星摆线减速器、谐波减速器，混凝土搅拌机、搅拌车、皮带机、干粉砂浆机、施工升降机等设备所使用的精密减速器，以及齿轮、轴类零件等传动机械产品的研发、生产和销售的中外合资企业。珠海飞马遵循"专业制造、精密可靠、持续改进、顾客满意"的企业方针，自2008年成立以来，不断创新和改进产品，研发了品质优良、规格齐全、抗过载力强、性能稳定、深受客户好评的系列化产品。珠海飞马现拥有八大系列共60余款产品，获评珠海市市级重点企业技术中心、珠海市高精密传动装置工程技术研究中心、广东省高精密传动装置工程技术研究中心，是中国机器人产业联盟会员单位，并参与制定多项工业机器人精密行星摆线减速器联盟标准。

4. 珠海一微半导体股份有限公司

珠海一微半导体股份有限公司（简称"一微半导体"）2014年成立于横琴，是一家以机器人技术及大规模高集成度数模混合芯片设计为主的国家高新技术企业，拥有数模混合集成电路（SoC）设计、机器人算法、机器人开发平台等多项前沿技术及大规模芯片量产经验，致力于成为全球移动机器人领域核心芯片、核心算法及系统解决方案的主流技术平台，是移动机器人专用芯片领域的领航者。一微半导体研发的AM380S型号芯片产品是针对即时定位与地图构建（SLAM）而推出的一款高性能和高集成度的SOC，内建32bit CPU，DSP核，地图、导航、传感器运算硬件加速器，以处理复杂场景运算，提高运算速度和降低运算功耗。目前已有众多一线品牌客户推出基于AM380S加陀螺仪的扫地机器人方案。AM580型号芯片产品是针对激光导航即时定位与地图构建而推出的一款高性能和高集成度的算法SOC，内建32bitCPU，DSP核、激光算法、地图、导航、传感器运算硬件加速器，集成片内高速SRAM、DDR，以处理复杂场景运算，提高运算速度和降低运算功耗（图7-20）。

图 7-20　一微半导体机器人主控芯片

7.5　佛山市

7.5.1　产业发展概况

作为全国乃至全球重要制造业基地，佛山市是较早一批打造工业机器人产业园的城市，也是目前国内主要的工业机器人生产基地之一。近年来，佛山市大力推动机器人及智能装备产业发展，推进机器人与智能化技术应用，加强智能制造高端创新载体建设。佛山市各区域分工明显，形成"一镇一主"专业经济形态，其机器人产业合作及协调能力一流。随着"佛山制造"加快拥抱数字化、智能化，本土机器人产业集群迎来发展新机遇，机器人行业发展向好。

近年来，佛山市机器人产业规模快速扩大，整体呈上升态势。2021年，佛山市机器人企业注册数量达到4093家，同比增长41.7%，目前佛山市机器人产业仍处于扩张期（图7-21）。

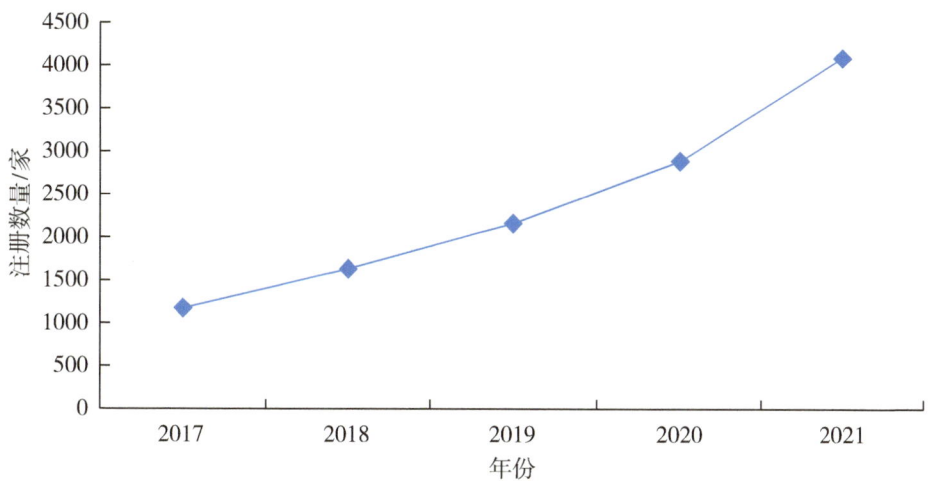

图 7-21 2017—2021 年佛山市机器人企业注册数量增长趋势

（数据来源：爱企查）

2021年佛山市各区机器人企业注册数量及其占比情况如图7-22所示。可以看出，2021年佛山市南海区机器人企业注册数量最多，达1615家，占全市的39.5%；顺德区机器人企业注册数量近年来也有所增长，达1557家，占全市的38.0%；禅城区也包含了全市17%的机器人企业。

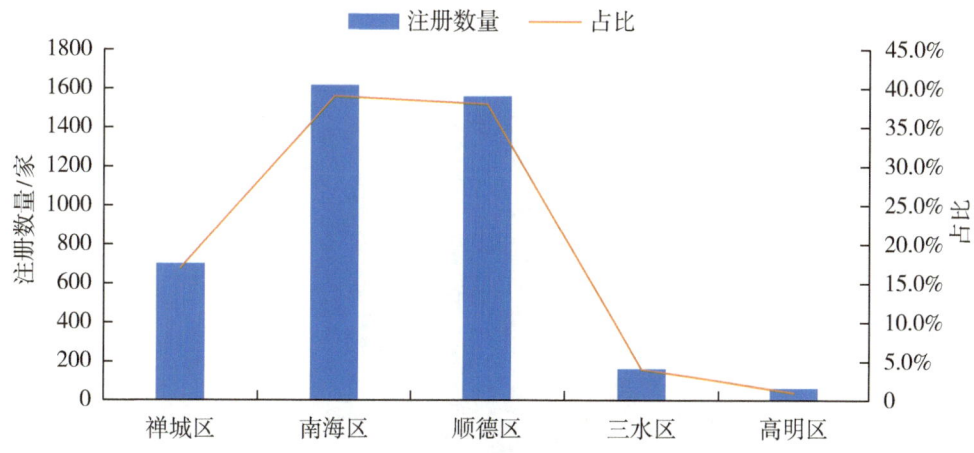

图 7-22 2021 年佛山市各区机器人企业注册数量及其占比情况

（数据来源：爱企查）

7.5.2 产业发展特色

从技术发展来看，佛山市瞄准机器人系统集成、本体等方面发力，机器人产业创新能力不断提升，聚集了美的库卡、隆深、华数机器人、汇博机器人等一批行业龙头企业。受益于佛山家电、陶瓷、家具等产业高端化、智能化转型升级，通过需求拉动技术迭代，佛山市智能机器人产业取得快速发展，无论是单台机器人产品的精度保持性、可靠性等产品性能指标，还是行业解决方案的集成能力，都得到了很大的提升，品牌影响力逐年扩大。

从投融资角度来看，佛山市扎实推动各项惠企利企政策落地，加强投融资合作对接，探索企业信用融资或贷款，缓解中小企业融资难题，推动建设中国（广东）机器人集成创新中心，引入融资租赁业态为企业"机器代人"降低资金成本。良好的融资环境不止让越来越多的机器人企业开始迈向资本市场，据不完全统计，2021年佛山市机器人行业完成融资的机器人企业累计58家，其中服务机器人企业占比高达55.2%，工业机器人企业占比达34.5%，其他类型的机器人企业占比为10.3%（图7-23）。整体资金流向较为集中，主要为服

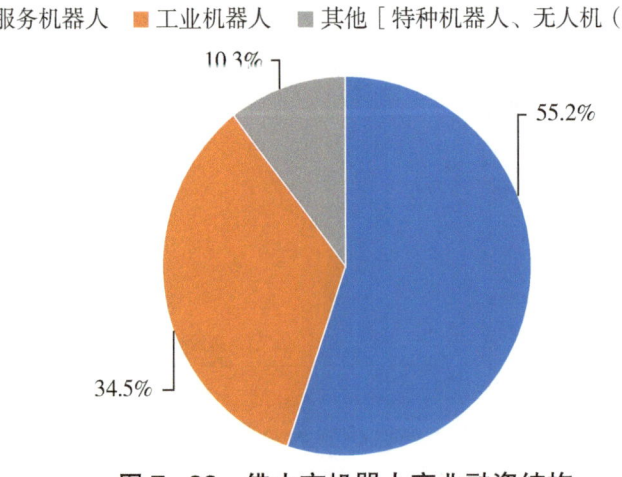

图7-23 佛山市机器人产业融资结构

（数据来源：爱企查）

务机器人和工业机器人领域的一些高新技术企业和科技型中小企业，如佛山隆深机器人有限公司、广东天太机器人有限公司等。

7.5.3 主要企业介绍

1. 广东嘉腾机器人自动化有限公司

广东嘉腾机器人自动化有限公司（简称"嘉腾"）致力于解决搬运问题，是知名物流与仓储自动化解决方案提供商。其中，激光叉车AGV产品采用激光导航技术，能搬运1600 kg的物料，地面无需其他定位设施，行驶路径可灵活多变，主要应用于仓储、制造、危险场所、出版印刷、医药、电力、烟草等行业。NowmanT2001是嘉腾研发的一款服务型消毒AGV，它采用自然技术，实现自主定位、自动避障，消毒水用量为0.5~2.0升/小时，可广泛应用于医疗卫生、公共场所、食品加工等多种场合。底盘型AGV采用高性能举升结构，可实现车货同转、车转货不转功能，面对工厂复杂的环境，采用自然导航+二维码复合导航的方式实现精准定位（图7-24、图7-25）。

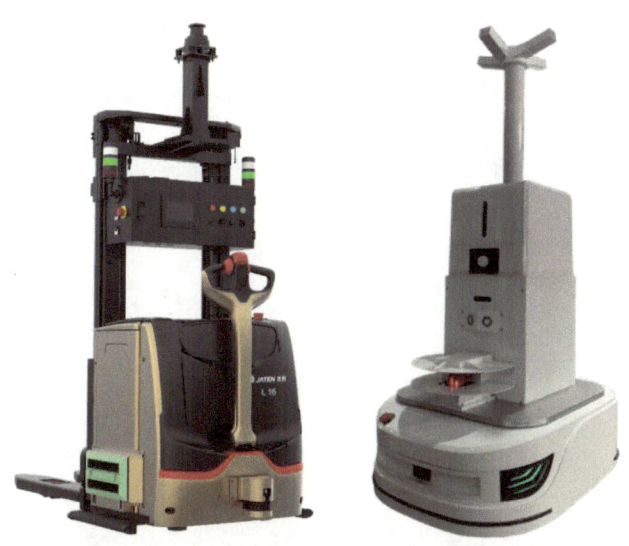

图7-24　嘉腾叉车型AGV、消毒AGV

图 7-25 嘉腾底盘型 AGV

2. 佛山华数机器人有限公司

佛山华数机器人有限公司（简称"华数机器人"）是武汉华中数控股份有限公司（股票代码：300161）旗下子公司，是集工业机器人产品研发、制造、应用于一体的国家高新技术企业，是智能制造及智慧工厂整体解决方案专家，具备年产 10 000 台工业机器人的生产能力。华数机器人已掌握工业机器人五大关键核心零部件中四大核心零部件关键技术，拥有五大系列 30 余种规格的机器人整机产品，开发出机器人控制器、示教器、伺服驱动、伺服电机等近 10 种规格的机器人核心基础零部件，国产化率达到 80% 以上，华数 HSR-DT 系列机器人适用于各个行业的快速分拣排列或者装箱，具有良好的动态跟踪功能，能够满足大多数需要快速分拣的场景。华数 HSR-JR612 是一款高性能通用小负载关节机器人，依托自主研发的控制技术、高性能伺服电机和高刚性手臂，重复定位精度高达 ±0.06 mm、运动半径 1555 mm，实现大臂展及大负载，适用于打磨、搬运、焊接等行业（图 7-26）。

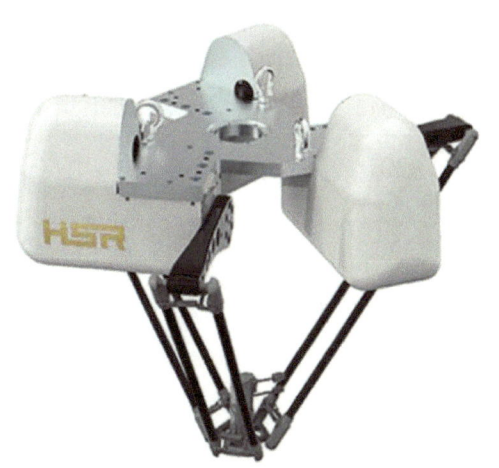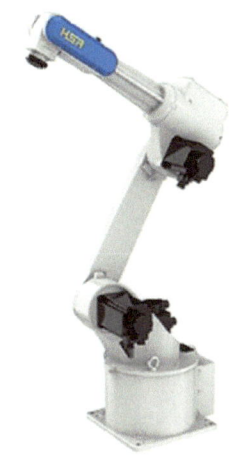

图 7-26　华数 Delta 并联机器人、HSR-JR612 六轴机器人

3. 广东汇博机器人技术有限公司

广东汇博机器人技术股份有限公司（简称"汇博机器人"）是国家级高新技术企业，在机器人研发、生产制造、工业互联、信息化智能管控等核心技术领域，有着丰富项目实施经验。在工业领域，汇博机器人主要产品包括喷釉机器人、焊接机器人、冲压上下料机器人，为一般工业、智能仓储物流、智能能源环保、智能巡检、智能陶瓷卫浴等领域提供智能制造系统解决方案及落地实施业务。在教育领域，汇博机器人基于智能制造和人工智能领域的技术优势，积极投身到工业机器人、智能制造、人工智能等新兴专业建设和人才培养中，为技工/技师、中职、高职、本科等各层次人才培养提供一体化解决方案。汇博机器人深度参与国家相关专业教学标准制定、新职业开发、国家教学资源库建设、国家学分银行项目开发、国家技能竞赛实施等，先后获批教育部全国首批职业教育教师企业实践基地、全国首批职业教育校企深度合作项目承担企业、教育部产学合作协同育人项目支持企业、国家级高技能人才培训基地建设单位。

4. 佛山非夕机器人科技有限公司

佛山非夕机器人科技有限公司（简称"非夕"）是一家全球技术领先的通

用智能机器人公司，专注于研发、生产集工业级力控、计算机视觉和人工智能技术于一体的自适应机器人产品，为不同行业的客户提供基于非夕机器人系统的整体创新性解决方案和服务。非夕于2016年成立，核心创始团队来自斯坦福大学机器人和人工智能实验室，在硅谷、上海、北京、深圳、佛山、中国台湾、新加坡等地设有办公室。非夕的智能一站式解决方案涵盖自适应装配、表面处理、物料搬运、机器看护等，可应用于汽车、3C、新能源、航空、一般工业、家电、医疗、农业、物流、餐饮、科研等领域。

7.6 珠三角其他城市

7.6.1 产业发展概况

我国珠三角地区机器人产业发展强劲。长期以来，体量庞大、基础深厚的传统制造业持续支撑珠三角地区经济发展，形成以家电制造、3C、装备制造等为代表的产业集群。近年来，珠三角地区积极抢抓新一轮科技革命和产业变革机遇，不断推动区域产业转型升级，支撑经济高质量发展。珠三角其他城市是指肇庆、惠州、中山、江门4个城市。

肇庆、惠州、中山、江门4个城市机器人产业基础总体落后于广州、深圳、佛山等城市，但相比于粤东西北地区，受益于区位优势，能够更加便捷地承接科教、产业、人才资源的外溢，近年来发展迅速。从企业注册数量来看，在各地市产业政策引导推动下，肇庆、惠州、中山、江门4个城市智能机器人产业快速发展，与珠三角其他城市的差距不断缩小。2021年，肇庆、惠州、中山、江门4个城市机器人企业总注册数量达到4858家，同比增长54.8%（图7-27）。

第七章
广东省智能机器人产业区域分布

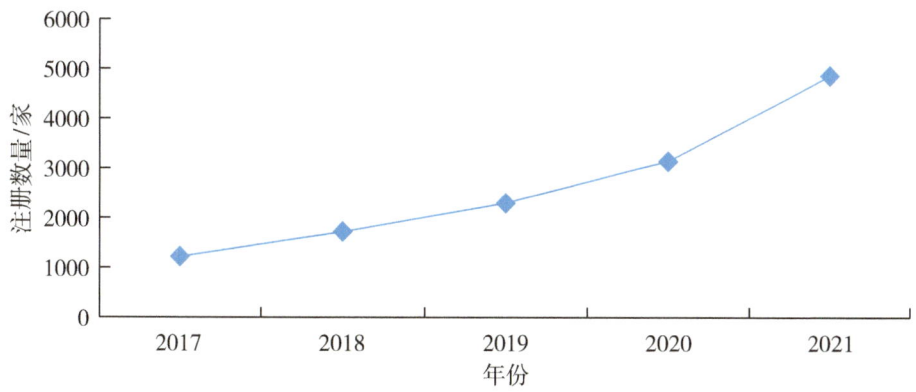

图7-27　2017—2021年珠三角其他城市机器人企业注册数量增长趋势
（数据来源：爱企查）

根据爱企查统计数据，2021年中山市机器人企业注册数量为2030家（约占全省的2.4%），与珠海市的机器人企业注册数量相差并不大，是4个城市中机器人企业注册数量最多的城市；其次是惠州市，机器人企业注册数量为1933家（约占全省的2.4%）；此外江门市有572家；肇庆市也有323家机器人企业。从机器人骨干/培育企业角度分析，肇庆、惠州、中山、江门4个城市中，中山市拥有3家骨干企业，惠州市和江门市各拥有1家骨干企业（图7-28）。

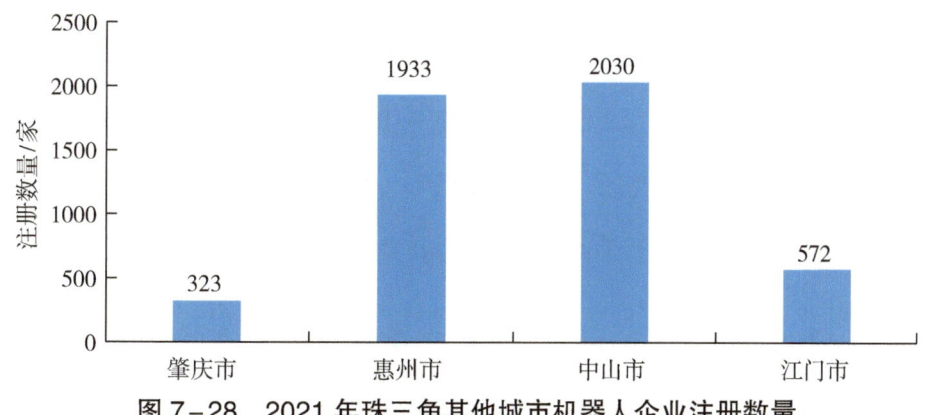

图7-28　2021年珠三角其他城市机器人企业注册数量
（数据来源：爱企查）

161

7.6.2 产业发展特色

肇庆、惠州、中山、江门4个城市打造集零部件配套、系统集成和示教培训于一体的机器人及智能装备产业集群。肇庆、惠州、中山、江门4个城市发挥临海临港的区位优势，主动承接港澳、珠三角核心城市乃至全国全球的创新创业资源，推动智能机器人产业快速发展。

1. 中山市

中山市抢抓广东省推进"双区驱动+双城联动"发展战略带来的重大机遇，深中通道的建成通车将使中山成为珠江口东西两岸融合发展的枢纽，进一步为牵引带动中山市承接深圳市智能机器人产业转移提供便利。中山市机器人产业涉及机器人制造、系统集成、应用与研发等多个方面，其中机器人制造是最为核心的环节。随着需求和技术不断的融合，中山市机器人产业的产品结构正在不断升级。目前，中山市机器人产业的产品结构主要集中在四大应用领域，即智能制造、智慧物流、服务机器人和医疗机器人等。其中，智能制造机器人的需求量最大。其主要涉及自动化装配焊接、3C电子、五金模具等相关领域；智慧物流机器人主要覆盖物流配送、快递、仓储管理等领域，服务机器人主要用于酒店、饭店、售楼处等服务场所；医疗机器人被广泛用于手术、诊断、护理等领域，市场增速较快。预计到2025年，中山市将建设3个公共服务平台、4个科研创新平台、5个研究所，发起1支产业引导基金，助力研究院每年不低于2项科技成果转化，为打造具有国际竞争力的机器人与人工智能产业集群提供技术支撑。

2. 江门市

江门市除了拥有1家机器人骨干企业外，还拥有动力博石、诺贝机电、南大机器人、印星机器人等，但整体体量相对较小，缺乏行业的核心企业和龙头企业,暂未形成规模效应。江门市先后出台《江门市先进制造业发展"十四五"规划》《江门市战略性新兴产业发展"十四五"规划》等政策文件,将智能机器人产业列入智能装备产业链,推动强链补链延链发展。江门市将围绕工业机器人、激光装备、数控机床等重点领域,聚焦智能装备产业链短板与薄弱环节,加快引进龙头项目,积极招引种子项目、专精特新企业,提升产业链集聚效应。

3. 惠州市

惠州市全力打造"2+1"现代产业集群,推动万亿元级电子信息产业集群化发展,做大智能终端、平板显示、汽车电子、LED、新能源电池等领域的产业规模,加快推进5G、新能源电池、人工智能等前沿产业发展,补强软件和信息服务业。打造"2+1"现代产业集群,给惠州机器人产业快速发展带来新机遇。近年来,惠州市制定实施了《惠州市智能制造发展规划(2015—2025年)》,稳步实行"机器人应用计划",全市使用工业机器人的企业达到200家,共购置工业机器人3000台(套),工业机器人密度达到100台/万人,部分骨干企业的主要工序已经实现数字化、智能化。涌现出利元亨、德赛自动化、金力变速、华士科技、杨森机器人、三协精密等20多家高成长的智能机器人或核心零部件企业,其中,利元亨被认定为省级机器人骨干企业。惠州市充分发挥智能制造发展的基础优势,以加快新一代信息技术与制造业深度融合为切入点,以培育发展智能机器人产业为突破口,全面提升智能制造创新能力,推进制造业向数字化、网络化、智能化、服务化升级,实现"惠州制造"向"惠州智造"转变。

4. 肇庆市

近年来,在宁德时代、小鹏汽车等一批百亿元级龙头项目的引领下,肇庆市的机器人产业"能见度"正不断提升,涉及机器人零部件、智能装备生产、机器视觉、人工智能等各个领域。自主研发的机器人品牌包括肇庆大智、瑞成

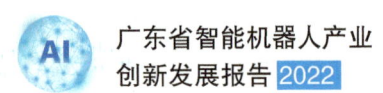

机器人、佰耐机器人等,均已获得一定的国内市场份额。肇庆市坚持"产业第一、制造业优先",着力抓好主导产业培育和招商引资,扎实推进产业集群发展和制造业高质量发展,积极参与大湾区产业链分工,实行建链强链补链的精准招商,全面形成龙头带动、产业聚集、配套齐全、协同创新的产业发展格局。肇庆市全力推动产业经济快速发展,促进制造业和机器人产业高质量发展,奋力在大湾区产业发展大局中把握主动、赢得先机。

7.6.3 主要企业介绍

1. 广东利元亨智能装备股份有限公司

广东利元亨智能装备股份有限公司(简称"利元亨")成立于 2014 年 11 月 19 日,于 2021 年 7 月 1 日在上海证券交易所科创板挂牌上市,股票代码:688499,是全球第一梯队的锂电装备龙头企业,数智化工厂领域的先进企业之一,主要从事智能装备的研发、生产及销售,为新能源(锂电、光伏、氢能)行业的龙头企业提供数智整厂解决方案。利元亨推出了复合 AGV、多维 AGV、大载荷 AGV、巡检 AGV 等多系列 AGV 产品。其中,利元亨复合型 AGV 产品融合了移动机器人、通用工业机器人、视觉系统 3 项功能于一身,满足了用户对整个机械结构运动精度的苛刻要求,避免了单一 AGV 或机械臂的累积运动误差所造成的定位精度不达标的情况。

2. 锐盛智能科技(广东)有限公司

锐盛智能科技(广东)有限公司(简称"锐盛智能")位于美丽的中山市火炬开发区,是一家专业设计制造自动化生产线和生产系统集成供应商,锐盛智能拥有全套的加工设备及有多年非标自动化设计经验的资深工程师研发团队,掌握智能制造核心技术。锐盛智能致力于研发生产各类型自动化生产线及专机设备、软件系统，广泛应用于家电行业，电子行业，家居行业，食品、药品行业，环保行业，物流行业，汽车行业等。锐盛智能追求为客户提供高性价比的产品，并与多家国内外知名企业达成战略合作，为客户提供一站式生产系统解决方案。

7.7 粤东西北地区

7.7.1 产业发展概况

粤东西北地区包括汕头、揭阳、韶关、河源、梅州、汕尾、阳江、湛江、茂名、清远、潮州、云浮12个城市。

近年来，粤东西北地区机器人企业开始提速发展，机器人企业数量快速增加，机器人产业规模迅速扩大。尤其是2021年，粤东西北地区机器人企业注册数量达2564家，同比增长56.5%（图7-29）。

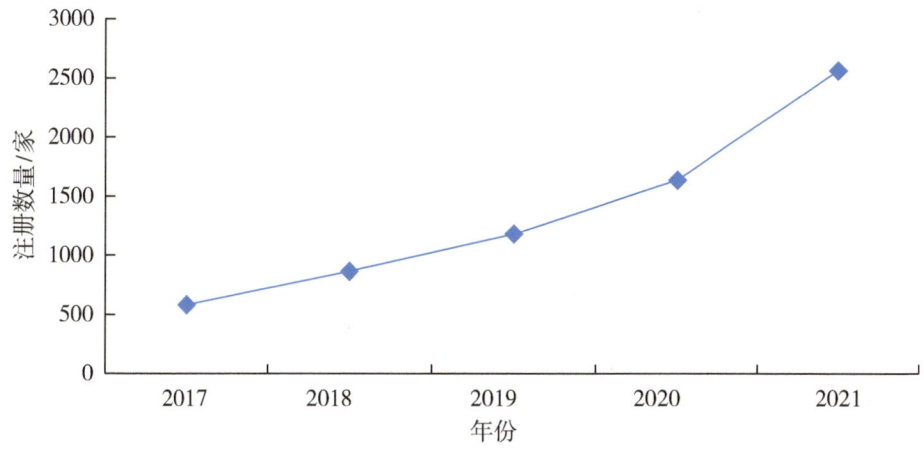

图 7-29　2017—2021年粤东西北地区机器人企业注册数量增长趋势
（数据来源：爱企查）

2021年，在粤东西北地区12个城市中，汕头市机器人企业注册数量达605家，超过地区内总数的1/10（图7-30）。粤东西北地区中，汕头市作为经济特区带动周边其他城市发展，通过加强区域内企业合作，促进机器人产业的进一步发展。此外，揭阳市拥有粤东西北地区唯一一家骨干/培育企业——巨轮智能装备股份有限公司。揭阳市充分发挥巨轮智能等龙头企业头雁效应，联合上下游产业链，努力打造揭阳特色产业集群，利用行业龙头骨干企业向粤东西北地区其他企业辐射推广，助力粤东西北地区机器人产业的发展应用。

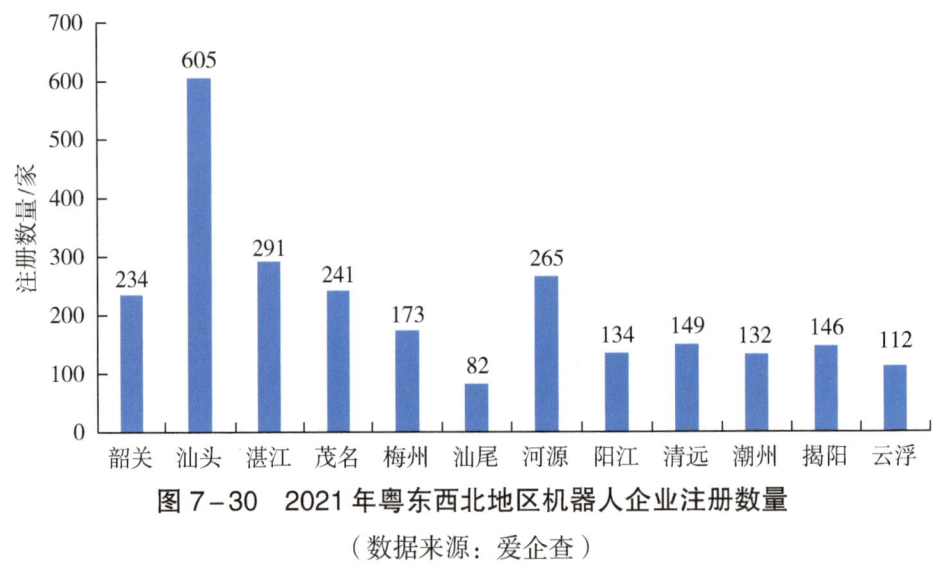

图 7-30　2021 年粤东西北地区机器人企业注册数量

（数据来源：爱企查）

7.7.2　产业发展特色

以汕头、韶关、湛江为例，地方产业特色布局规划分析如下。

1. 汕头市

汕头市是智能机器人产业链的聚集区之一，在工业机器人方面，已培育一批具有自主品牌本体、关键零部件及部分系统集成商企业。如俊国机电通过两化融合体系，正在利用国际大厂的机器人关键部件研发自动化专用设备，发展潜力大；伟达智能开发的智能车间提供覆盖从硬件到软件的一体化解决方案，从制造走向服务，走向智能制造。根据《汕头市培育智能机器人战略性新兴产业集群实施意见（2021—2025年）》，预计到2025年，将形成2家以上掌握智能机器人关键领域技术、具有高价值专利的知识产权强企。到2025年，智能机器人创新产品和解决方案有力支撑产业发展实际需求，培育形成一批智能机器人深度应用场景，深入推进智能机器人生产应用。2021年，中国人工智能和机器人领域"独角兽"企业优必选正式落户汕头，优必选将在汕头启动建设"智乐机器人生态谷"（简称"智乐谷"）项目，依托人工智能和机器人技术，打造粤东地区首个面向人工智能和机器人全场景应用示范项目，推动粤东西北地区机器人产业集成应用发展。

2. 韶关市

依托一批省级特色现代农业产业园和华南先进装备产业园等园区以及韶关大数据及电子信息等产业的发展优势，韶关加快建设机器人产业链下游配套行业，高起点高标准打造粤东西北地区机器人产业带配套园区，通过促进大数据及人工智能技术与机器人产业的融合为推动机器人高质量发展提供坚实技术支撑，通过刺激市场需求促进韶关机器人产业高速发展。根据《韶关市制造业高质量发展"十四五"规划》，韶关市将做大做强先进制造业，"自上而下"做大做强装备材料及基础件/零部件产业，充分对接珠三角地区包括数控机床在内的装备制造业的配套需求，不断做强配套环节，打开装备整机产业发展新局面；"自下而上"强化装备整机大型龙头企业的带动作用，通过"招大引强"引进和培育成套（台）装备制造产业，辐射带动装备基础件零部件产业创新发展、高端发展。不仅在工业领域配备机器人和智能装备，韶关市还以高效化、智能化、网联化和绿色化发展为导向，积极引进培育发展农林智能装备产业，重点发展林业生态建设机器人、林业产业机器人和林业多功能集成机器人等林业机器人。

3. 湛江市

根据《湛江市制造业高质量发展"十四五"规划》，湛江市将依托粤西数谷大数据产业园、赤坎区都市产业园、霞山华港工业小区、海东新区高新技术产业园，推进机器人产业和电子信息产业集聚发展。依托麻章、坡头、雷州、廉江、湛江经济技术开发区等地，重点发展大数据、新一代电子信息、智能终端、电子元器件等产业，建设完成"粤西数谷"项目、中国移动（广东湛江）数据中心等。以粤西数谷为数字经济新载体，大力发展5G、大数据、工业互联网、人工智能等产业，建设产业上下游紧密协同的高质量数字经济产业生态圈，探索数字经济发展的有效途径和长效模式。促进人工智能与各产业深度融合，培育发展智能网联汽车、智能无人机（船）、智能机器人、智能家电等智能终端产业，实现跨界新技术、新产品、新业态、新模式发展。

第八章
智能机器人产业发展总结及展望

8.1 国内外智能机器人产业发展总结及展望

8.1.1 国外智能机器人产业发展总结及展望

机器人的发展历程划分为 3 个时代，分别称之为机器人 1.0、机器人 2.0、机器人 3.0。机器人 1.0（1960—2000 年），机器人对外界环境没有感知，只能单纯复现人类的示教动作，在制造业领域替代工人进行机械性的重复体力劳动；机器人 2.0（2000—2015 年），通过传感器和数字技术的应用构建起机器人的感觉能力，并模拟部分人类功能，不仅促进了机器人在工业领域的成熟应用，也逐步开始向商业领域拓展应用；机器人 3.0（2015 年以后），伴随着感知、计算、控制等技术的迭代升级和图像识别、自然语音处理、深度认知学习等新型数字技术在机器人领域的深入应用，机器人领域的服务化趋势日益明显，逐渐渗透到社会生产生活的每一个角落。在机器人 2.0 的基础上，机器人 3.0 实现从感知到认知、推理、决策的智能化进阶（图 8-1）。

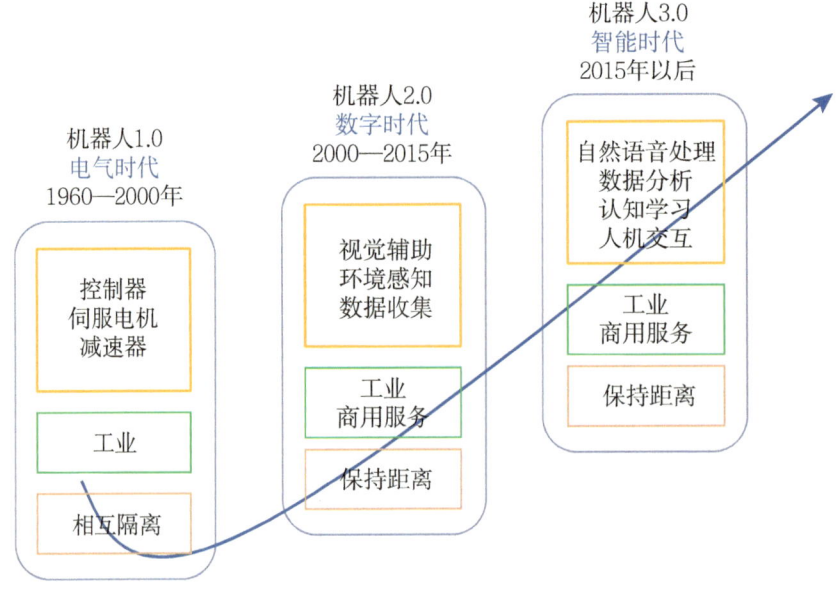

图 8-1 机器人发展阶段示意

目前，机器人已跨入 4.0 时代，把云端大脑分布在从云到端的各个地方，充分利用边缘计算去提供更高性价比的服务，把要完成任务的记忆场景的知识和常识很好地组合起来，实现规模化部署。机器人除了具有感知能力，能够实现智能协作外，还具有理解和决策的能力，能够提供自主的服务。

新一代智能机器人将具备互联互通、虚实一体、软件定义和人机融合的特征，具体为：通过多种传感器设备采集各类数据，快速上传云端并进行初级处理，实现信息共享；虚拟信号与实体设备的深度融合，实现数据收集、处理、分析、反馈、执行的流程闭环，实现"实－虚－实"的转换；对海量数据进行分析运算，依托优秀的软件应用，新一代智能机器人将向软件主导、内容为王、平台化、API 中心化方向发展；通过深度学习技术实现人机音像交互，乃至机器人对人的心理认知和情感交流。

大数据、人工智能和传感器技术的日渐成熟，推动机器人逐步完成从传统机器人到具有感知、分析、学习和决策能力的智能机器人的转变。智能机器人可处理大量的信息，完成更加复杂的任务，在工业、农业、交通、医疗、教育、娱乐、航天和军事上将发挥越来越重要的作用。

在工业机器人领域，90%以上的高端市场基本被行业巨头所垄断，技术壁垒相对比较高，并且巨头开始向更高价值的后端服务转型，新进企业所面临的技术和市场挑战比较大，存量的中小企业更专注于非标市场，通过低层级的系统集成来获得相应的收益，领域内存在着明显的价值梯度差距。在服务机器人和特种机器人领域，产业的集聚度相对较低，细分领域的市场应用也没有完全打开，正处于产业发展期，更易于企业进入和快速发展。

人机协作成为工业机器人重要发展方向：随着机器人易用性、稳定性及智能水平的不断提升，机器人的应用领域逐渐由操作型任务向加工型任务拓展。人机协作将人的认知能力与机器人的效率结合在一起，从而使人可以安全、简便地进行使用。例如，瑞士ABB的双臂人机协作机器人YuMi可与工人一起协同工作，在感知到人的触碰后，会立刻放慢速度，最终停止运动。

认知智能支撑服务机器人实现创新突破：人工智能技术是服务机器人在下一阶段获得实质性发展的重要引擎，目前正在从感知智能向认知智能加速迈进，并已经在深度学习、抗干扰感知识别、听觉视觉语义理解与认知推理、自然语言理解、情感识别与聊天等方面取得了明显的进步。例如，英特尔开展自适应机器人的交互研究，实现低成本、多种服务、良好易用的机器人交互。

在全球机器人技术与产业版图中，传统上存在着日、美、欧三足鼎立的格局。日本在机器人方面有着深厚的工业基础，尤其在控制机器人精密动作的伺服电机技术和产业方面，日本的松下、三菱等企业都是其中的佼佼者。此外，日本在仿生机器人，尤其是人形机器人的研究和开发方面下足了功夫。美国在机器人产业方面，更注重人工智能技术的结合，其优势在于"软"的方面，依托IBM、微软、谷歌、苹果、脸书等众多软件与互联网巨头，美国在机器人

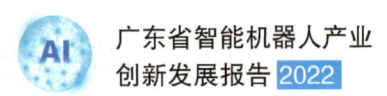

产业方面有着不可撼动的地位。欧盟中的德国、英国、法国、瑞士等国家都是老牌的工业强国,基于它们在机械与电子领域的扎实基础,欧盟国家的机器人产业底蕴极深。

8.1.2 中国智能机器人产业发展总结及展望

中国智能机器人产业逐步规模化、体系化,基本建立了完整的机器人产业链,技术创新成果显著。然而,智能机器人在未来发展中同样面临众多挑战,包括关键及前沿技术的突破、应用的创新与推广、资源的整合与协同等。在关键及前沿技术方面,现有产品的智能化程度不足,功能相对简单单调,在复杂场景下的人机交互体验效果不佳,难以匹配用户需求,急需突破技术瓶颈,实现内生增长。在应用推广方面,有效的刚需尚待形成,需要把握市场动向推陈出新。在资源方面,产业整体处于起步期,越来越多的行业用户、信息通信技术企业和初创公司参与机器人产业,增加了机器人生态系统的复杂程度。

目前,国内厂商攻克了减速器、伺服控制、伺服电机等关键核心零部件领域的部分难题,核心零部件国产化的趋势逐渐显现。与此同时,国产工业机器人在市场总销量中的比重稳步提高。国产控制器等核心零部件在国产工业机器人中的使用也进一步增加,智能控制和应用系统的自主研发水平持续提高,制造工艺的自主设计能力不断提升。在自主品牌机器人中,国产控制器、伺服电机和减速器的使用占比分别达到 60%、70% 和 40%。近年来,与人类共同进行一线作业的协作机器人(COBOT)呈现快速增长态势。

近年来,人工智能技术的发展和突破使服务机器人的使用体验进一步提升,语音交互、人脸识别、自动定位导航等人工智能技术与机器人融合不断深化,智能产品不断推出,同时催生出一批创新创业型企业。与此同时,我国在多模态人机交互技术、仿生材料与结构、模块化自重构技术等方面也取得了一定进展，进一步提升了我国在智能机器人领域的技术水平。目前，我国已在医疗、烹饪、物流等机器人的应用领域开展了广泛的研究，未来应用场景不断拓展，应用模式不断丰富。中国服务机器人产业具有巨大的市场空间和发展潜力。

特种机器人方面，目前在反恐排爆及深海探索领域部分关键核心技术已取得突破，例如，多传感器信息融合技术、高精度定位导航与避障技术、汽车底盘危险物品快速识别技术已初步应用于反恐排爆机器人。与此同时，我国先后攻克了钛合金载人舱球壳制造、大深度浮力材料制备、深海推进器等多项核心技术，使我国在深海核心装备国产化方面取得了显著进步。

目前，我国已初步形成了特种无人机、水下机器人、搜救/排爆机器人等系列产品，并在一些领域形成优势。近年来，我国涌现出大疆、极飞、亿航、昊翔等优秀无人机企业，无人机应用在农业、物流、测绘等垂直行业快速铺开，龙头企业已着手打造无人机生态系统，拓展市场布局。

8.2 广东省智能机器人产业发展总结及展望

8.2.1 广东省智能机器人发展总结

广东省一直以来是智能机器人生产和应用大省，也是国内智能机器人产业的主要聚集区之一，智能机器人产业被列为广东省十大战略性新兴产业集群之一。

在产业布局方面，广东省制造业规模庞大，生产线的自动化及智能化改造升级为本区域机器人发展提供了良好基础，现已形成从关键零部件到整机和应用的完整机器人产业链。深圳市推动以面向3C产业为主的工业机器人及集成应用，发展工业机器人本体及核心零部件制造，现已建成南山机器人产业园、智能机器人产业园、宝安机器人制造产业园等多个机器人产业园。广州加快推

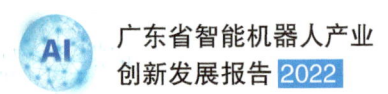

动以面向汽车、船舶、航空等高端制造业为主的集成应用，完善标准化、检验检测、技术培训等公共服务能力，目前已建成黄埔智能装备价值创新园、大岗先进制造业基地等机器人产业园。佛山市重点打造智能制造产业基地和机器人谷，推进工业机器人在家电、陶瓷、纺织等重点行业的集成应用，目前已建成美的库卡智能制造产业园。东莞市重点培育核心零部件企业和机器人系统集成商，推动工业机器人在电子信息制造业、电气机械及设备制造业的集成应用，目前已建成松山湖国际机器人产业基地。

在产业结构方面，广东省机器人产业结构较为合理。在生产机器人所需的精密机加工、电子设计、工艺装配等方面具有一定技术优势，其产品研发与应用相对成熟。在核心零部件技术攻关与成品研制方面，拥有广州数控、佛山华数、美的、格力、珠海飞马、广州巨轮、深圳大族、深圳汇川、深圳固高等自主品牌企业，具备一定的国产化核心技术与自主知识产权，并逐渐形成完善的产业链布局。同时，珠三角地区机器人企业凭借区域内良好的制造业发展基础，重点围绕系统集成领域展开布局，充分发挥在流通渠道与价格方面的优势，为机器人应用企业实施灵活多样的定制化服务，拥有瑞松科技、明珞装备、佛山隆深等优秀系统集成商，能够渗透汽车产线、3C 等高端制造领域。

在技术创新方面，广东省机器人产业具有较强的发展基础，以深圳、广州、佛山、东莞为代表的产业集群在创新能力与影响力方面位于全国前列。截至 2022 年 7 月，珠三角地区机器人产业技术专利数累积达 57 192 件。从分布主体上看，优必选、珠海格力、华南理工大学、广东博智林、深圳银星智能、珠海一微半导体、广东工业大学等专利申请数量排名靠前。珠三角地区机器人企业普遍重视以系统集成和提供解决方案为主的业务研发，围绕工业机器人与生产线深度融合、供应链系统建设、客户管理体系建设等方面持续加大投入，大幅度提高产品质量与生产效率。

在产业聚集方面,广东省以广州、深圳、佛山、东莞等地为核心,不断推动工业机器人在高端制造及传统支柱产业的示范应用,深耕商用服务机器人赛道,在全国机器人产业重点集聚区中位居前列,截至2022年7月,珠三角地区机器人相关企业数量达2643家。珠三角地区机器人专精特新"小巨人"企业总数近40家,多聚焦在核心零部件、系统集成、机器人本体等细分领域,部分本地企业在机器人控制系统和伺服系统方面具有较强技术实力,具备较强的市场竞争力,如越疆、汇川、固高、飞马、隆深、优必选等企业。良好的双创氛围及较强的发展基础,为珠三角地区机器人企业发展壮大提供了良好机遇。

8.2.2 广东省智能机器人产业发展面临的问题

1. 产业大而不强,处于价值链中低端

广东省中高端产品在技术水平上与国外同类产品仍存在较大差距,总体上仍处于全球智能机器人产业链、价值链中低端。高端机器人的市场依然被国际四大家族(ABB、发那科、安川、库卡)所占据,国产机器人产品冲击高端市场任务艰巨。在硬件方面,精密减速器、伺服系统、控制芯片、高端传感器、重载机器人等方面目前仍然存在技术瓶颈,核心零部件存在"卡脖子"问题,长寿命、高可靠的核心零部件和整机严重依赖进口,高端产业低端化的特征仍未得到明显改善,产业链存在结构性短板。在品牌认可度方面,由于下游用户企业对外资品牌产品和技术的信任,已经习惯使用国外品牌,特别是使用量最大、对设备品质要求最高的汽车和电子工业行业,导致自主品牌的本体和零部件产品未能投入市场,甚至有成功应用经验的产品也难以实现推广应用。本土企业以中低端产品为主,主要是搬运和上下料机器人,大多为三轴和四轴机器人,应用于汽车制造、焊接等高端行业领域的六轴或以上高端工业机器人市场被日本和欧美企业占据，本土企业六轴工业机器人新装机量偏低。

2. 高端人才与专业技术人才缺口大

广东省智能机器人产业领军人才偏少，生产型专业技术人才总量不足，成为制约智能机器人产业集群创新发展重要瓶颈。技术创新和产业发展需要丰富的专业人才储备，机器人产业属于技术密集型产业，对人才的技术能力要求很高，对口高精尖人才缺口巨大，目前各大企业都面临专业人才招聘的困难。据《制造业人才发展规划指南》统计，目前我国机器人的产业供求比例为1∶10，工业机器人产业人才缺口在300万人左右，预计到2025年将突破450万人，按照广东省工业机器人企业比例计算，产业人才缺口在100万人左右。根据省人社厅编制的《粤港澳大湾区（内地）急需紧缺人才目录（征求意见稿）》，目前智能机器人（紧缺系数5.92）在珠三角九市产业集群人才急需紧缺程度中排名第五位，急需的15个岗位中有4个岗位紧缺程度为9.0（非常紧缺），包括飞控算法工程师、语音识别开发工程师、语音识别开发工程师、路径规划与控制算法工程师。

3. 龙头企业规模小和抗风险能力弱

广东省智能机器人产业具有国际竞争力的龙头企业偏少，企业普遍盈利，广东省工业机器人业务营收10亿元以上的本土企业有2家，与"四大家族"相比，在规模、研发能力、市场占有率等方面均存在巨大差距。此外，重点企业抗风险能力弱，如疫情期间，受原材料价格快速上涨等多重影响叠加，2022年上半年，广东省工业机器人在营业收入和产量方面均受到一定冲击，从统计的重点工业机器人企业生产经营情况来看，服务于新能源、汽车、医疗防疫业务的机器人企业实现正增长，剩下近七成的企业营收出现负增长。

4. 行业规范不足，安全性存在短板

广东省智能机器人产业起步较晚，原有部分标准已滞后于市场发展，能够有效覆盖和引导产业发展的产品标准、检测认证等体系尚未完善，不利于引导整体产业的健康有序发展。机器人行业的标准和检测认证体系的不健全，导致缺乏必要的技术门槛和市场引导手段，产业综合竞争力偏弱。近年来，导致人员伤亡、财产损失、信息泄露的机器人事故时有发生，产业管理办法尤其是安全管控标准有待完善。权威性机器人第三方检验检测平台数量较少，检测认证规范的缺失，导致产品质量参差不齐。此外，行业标准的缺位导致行业进入门槛偏低，容易导致低端产能过剩，高端产品依赖进口，造成劣币驱逐良币的现象。

8.2.3 广东省智能机器人产业高质量发展对策建议

1. 加强政策扶持力度

将智能机器人产业园区、平台建设、技术创新、成果转化、人才支撑、科技金融、应用推广作为行业规划、园区规划、科技创新、产业政策的重点方向，在统筹政策、资金、资源等方面予以支持，加大对智能机器人创新应用的投入力度。对接国际机器人行业通用统计口径，充分利用大数据技术手段对机器人行业的产值、技术创新情况、从业人员数、劳动生产率、机器人应用密度等进行数据采集和分析，预测未来行业发展趋势。对标智能机器人产业发展水平的先进国家和地区，高标准做好发展智能机器人的顶层设计，深化落实《广东省制造业高质量发展"十四五"规划》《广东省培育智能机器人战略性新兴产业集群行动计划（2021—2025年）》的重点任务和重点工程。积极落实高新技术企业所得税减免、进口设备减免税、企业研发费税前抵扣等财政支持政策，引导企业加大研发投入。鼓励各地市结合地方财力制定实施促进机器人产业发展

的财政扶持政策。及时完善和调整首台（套）重大技术装备专项资金、首台（套）重大技术装备保险补偿等政策，优化机器人及其相关产业发展营商环境。强化金融扶持，鼓励金融机构针对智能机器人产业特点，创新金融产品和服务，加强对机器人及其相关行业企业的信贷投放。引导社会资金支持机器人企业创业创新发展。鼓励和支持有条件的机器人骨干企业上市、挂牌。鼓励探索开展机器人装备租赁和融资租赁业务，建立机器人装备租赁和融资租赁担保机制，发挥金融杠杆作用。

2. 优化区域布局

依托各地市的制造业比较优势，进一步优化工业机器人产业布局，建立各具特色的区域错位发展格局。围绕珠三角核心区，支持广州、深圳发挥高端资源汇集优势，开展智能机器人关键核心技术创新和零部件制造；支持佛山、东莞、珠海、中山等地发挥属地产业生产制造优势，建设汽车、3C、建筑、家电、医疗、巡检等智能机器人生产基地；支持粤东西北等其他各地市做好产业配套。同时，以美的库卡智能制造产业园、新松国际机器人产业园、松山湖国际机器人产业基地、佛山海创大族机器人智造城等招商平台为抓手，围绕产业链薄弱环节提供配套支持及开展精准招商。

3. 构建产用协同创新体系

统筹各方资源打造机器人产业发展示范基地，支持佛山美的库卡智能制造产业园、海创大族机器人智造城、广东珠海 ABB 国机机器人科技园等产业重点载体建设。围绕产业链部署创新链，充分发挥省、市科技计划项目牵引撬动作用，针对重点行业高端需求，集聚优势创新资源，重点支持提升关键零部件、核心软件技术水平，支持开展关键机器人装备和系统研发，加强人工智能等先进技术在机器人领域的融合，提升机器人在深度感知、自主控制、精准执行、人机交互、安全运维方面的能力水平，推进高端机器人产品研制，拓展机器人产品系列和种类，提升性能、质量和安全性，开发行业应用系统解决方案。鼓励产用共建智能机器人领域新型重点实验室、制造业创新中心等各类创新平台，集聚优势创新资源。突出企业在产业创新链条中的创新主体地位，鼓励省内机器人龙头企业对标日本发那科、瑞士ABB等全球机器人一流企业，加强技术研发、人才引进和重大研发平台建设。整合区域企业网络，完善产业链生态体系，支持行业龙头企业加强技术开发、技术改造、人才引进，鼓励针对新技术、新产品进行外延式并购，开展技术输出和资源共享，带动中小企业发展。培育和引进一批自主创新能力强、产品市场前景好、产业支撑作用大的优质企业。鼓励机器人上下游企业强强联合，形成功能互补、协作紧密、关键环节自主可控的产业配套能力，推动大中小企业融通发展。

4. 加强重点领域典型应用场景推广力度

面向经济发展和民生改善需求，遴选制造业、建筑、物流、医疗、商业服务等有一定基础、应用覆盖面广、辐射带动作用强的重点领域，聚焦典型应用场景和用户使用需求，开展从机器人产品研制、技术创新、场景应用到模式推广的系统推进工作。在经济发展领域，发展基于工业机器人的智能制造系统，助力制造业数字化转型、智能化变革；打造丘陵山区、大田、设施园艺、畜牧水产、贮运加工等农业机器人应用场景；推进建筑机器人拓展应用空间，助力智能建造与新型建筑工业化协同发展；推进机器人与能源领域深度融合，助力构建现代能源体系；打造以机器人为重点的智慧物流系统，提升商贸物流数字化水平。在社会民生领域，加强机器人在患者院前管理、院内诊疗及院后康复追踪整体病程服务体系中的应用，助力智慧医疗建设；推动机器人融入养老服务不同场景和关键领域，提升养老服务智慧化水平；积极培育机器人校园服务新模式和新形态，深化机器人在教学科研、技能培训、校园安全等场景中的应用；积极推动机器人融入酒店、餐厅、商超、社区、家庭等服务场景，满足商业及社区消费体验升级需求，提升商业服务与生活服务的智慧化水平；加强防爆排爆、消防巡检、工程抢险、海洋捕捞、海上溢油及危化品船舶救援、自然灾害救援、安全生产事故救援、核应急安全救援等危险环境应用。推动空间、水下、深地等极限环境场景应用。

5. 强化人才支撑

建立起"引""稳""培""鉴"相结合的人才培养机制，打造创新人才高地。一是"引"，依托珠江人才计划、扬帆计划各项人才政策，面向国内外精准引进智能机器人产业"高精尖缺"人才和团队来粤创业就业，实现创新成果转移转化。提高子女教育、居住、社保、医疗和人文环境等配套水平，建立招才引智留才常态化机制。二是"稳"，加强人才大数据的建设与运用水平，构建智能机器人产业创新人才数据库，实时监测广东省高层次人才发展动态，稳定核心技术人才，减少高端人才外流。三是"培"，健全人才培养机制，加大机器人领域人才培养力度，支持高校、科研院所与骨干企业深入合作，加强精密传动、人工智能、伺服控制等智能机器人重点领域相关学科建设，采取定向委培、订单培养、现代学徒制等方式培养工程技术人才、技能人才和经营管理人才；鼓励机器人骨干企业制定人才培养专项战略规划，通过成立企业内部培训学院等形式培养行业人才，促进企业和院校成为专业技术技能人才培养的"双主体"。四是"鉴"，有效利用知识产权大数据建立发现高端科技人才、评价人才和跟踪人才机制，绘制全球高端人才图谱，落实人才引进中的知识产权评价和鉴定机制。另外，政府、高校、企业多方共同协作，要加强智能机器人就业导向氛围的营造，通过开设职业辅导课程、校企共建就业指导中心、引入资深职场人士担任课外导师等方式，帮助在校学生尽早树立良好的职业发展，激发更多更好的优秀人才投身于智能机器人事业。

6. 建立健全行业标准及检验认证体系

推进基础标准、检测评定方法标准、新型机器人产品标准、机器人系统集成标准等标准体系建设。加快出台广东省机器人行业标准和检验认证规范，并争取上升到国家级的行业标准和检验认证。联合相关机构，如标准委，科研机构，相应行业协会、学会等，组织协调业内相关龙头企业，编制行业相关基础技术，发布行业技术报告。通过标准规范、检测认证、安全审查等手段，完善机器人研发和集成厂商机器人的安全防护措施，切实提升机器人整体安全水平。建立安全监测机制，面向机器人用户单位开展机器人的监测分析、威胁抵御、故障诊断分析等，保障机器人安全应用。

8.2.4 广东省智能机器人发展趋势与展望

在政策支持、技术突破、应用场景拓展和市场需求持续推动的总体利好环境下，广东省智能机器人产业发展正向高端化、智能化方向快速迈进。作为全国智能机器人生产和应用大省，广东省智能机器人集群发展具备一定的优势，包括大规模的应用市场、基本完整的产业链、初步成型的产业集聚生态等，同时集聚了一批机器人领域的高端人才资源，逐步培育成长起来的行业龙头及专精特新企业为代表的创新主体，这为广东省发展智能机器人产业提供了"常量"，而5G、人工智能等先进技术的加速融合，是带动智能机器人产业发展取得突破的关键"变量"。广东省应稳住常量，抓好变量，把握智能机器人产业发展的战略性机遇，推动智能机器人产业快速发展，促进产业迈向全球价值链高端。

1. 政策利好引导机器人产业蓬勃发展

广东省对机器人产业非常重视，大量政策措施出台，为推动相关企业发展创新，激发市场活力，实现产业高质量发展提供了助力。《广东省人民政府关于培育发展战略性支柱产业集群和战略性新兴产业集群的意见》提出将智能机器人产业集群列入十大战略性新兴产业集群之一，《广东省培育智能机器人战略性新兴产业集群行动计划（2021—2025年）》进一步细化集群发展目标、重点任务和重点工程，提出以需求为导向，培育一批深度应用场景，重点发展工业机器人、服务机器人、特种机器人、无人机、无人船等产业，集中力量突破减速器、伺服电机和系统、控制器等关键零部件和集成应用技术。支持广州、深圳等地市开展机器人研发创新，珠海、佛山、东莞、中山等地市建设机器人生产基地，其他各地市做好产业配套。持续优化产业生态，完善产业支撑体系，建设国内领先、世界知名的机器人产业创新、研发和生产基地。《广东省国民经济和社会发展第十四个五年规划和2035年远景目标纲要》等文件，对智能机器人及相关零部件的发展方向以及产业布局做了进一步的部署。在各类规划性政策和财政扶持性政策的支持下，广东省机器人产业实现了人才、市场、资金、技术等创新要素的聚集，助推机器人产业向高端迈进。

2. 创新步伐加快促进机器人智能水平大幅提升

在各类科技计划项目的支持和重大创新平台的布局下，广东省智能机器人相关企业、高校、科研院所组建创新联合体，加强减速器、伺服电机、控制系统、智能感知和人机协作等工业机器人产业关键环节的研发投入力度，并围绕智能传感器、语音和视觉、机器人大脑、机器人芯片、操作系统等服务机器人重点环节开展科研创新与应用试点工作，开展前沿先导技术和重大战略产品研发，完善科技成果转化机制，积极推动集群企业开展高价值专利培育布局，强化知识产权保护与产业化应用，大力推进机器人服务和应用创新。目前，广东省机器人整体研发投入位于全国前列，新一代信息技术及智能科技与机器人创新的有机结合，基于5G网络、数据中心、人工智能、物联网等技术持续改进机器人的产品服务，显著提升产品性能，不断创新应用场景，并通过合作开发、通用技术平台输出、研究成果转让等方式加快技术扩散进程。随着广东省智能机器人产学研用协同创新体系逐步完善，自主品牌机器人产品竞争力逐步增强。机器人控制器、伺服系统、减速器等关键零部件技术均有所突破，国产核心零部件产品市场占有率持续增大，国产化率不断提升，产业链韧性和安全性不断加强。通过机器人产品在越来越多细分领域的深入创新应用，以创新应用带动技术革新，机器人通过不断融入智能语音、处理器、AI算法、通讯、大数据、物联网等新技术实现机器人的自主性、适应性、智能化发展，环境感知、语义理解、柔性控制等智能化水平显著提高，更好地满足消费者智能化需求。

3. 广阔的市场需求推动机器人生产与应用

广东省机器人产业市场需求潜力巨大。广东省经济发达，制造业基础雄厚，带来庞大的机器人下游应用行业。目前广东省已成为全国工业机器人主要的生产基地及应用市场。受制造业自动化改造需求和疫情"非接触"需求的影响，机器人使用场景增加，机器换人步伐稳步推进。作为制造业强省，广东省在装备制造、电子信息、汽车制造等方面具有较强实力，广阔的应用市场和活跃的资本市场为机器人产业发展提供了坚实基础。随着生产制造智能化改造升级的需求日益凸显，机器人的市场需求依然旺盛，细分领域机器换人或人机协作的需求被发现激活，机器人产业迎来新的发展机遇。我国制造业企业多数仍处于早期自动化阶段，众多细分行业对产品附加值和产品稳定性的要求越来越高，推动了机器换人、人机协作的进程，机器人在细分领域的应用需求将加速释放。此外受疫情和自然灾害等影响，由于机器人可以替代人类在更多复杂环境中从事作业，在安全性、时效性、保质性等方面有效满足人们需求，进一步促进了机器人的生产与应用。比如，疫情期间，面对面服务大量减少，智能接待、无人配送、无人零售等需求增加，为接待机器人、递送机器人、新零售机器人、测温机器人、消毒机器人等服务机器人带来新的发展机遇。

参考文献

[1] DE PASCALI C, NASELLI G A, PALAGI S, et al. 3D-printed biomimetic artificial muscles using soft actuators that contract and elongate [J]. Science robotics, 2022, 7(68): 4155.

[2] JIAYAO S, ZHOU S, CUI Y, et al. Real-time 3D single object tracking with transformer [J]. IEEE transactions on multimedia, 2022, 14(8): 3146714.

[3] LIU X, GAO Q, WU S, et al. Optically manipulated neutrophils as native microcrafts in vivo [J]. ACS central science, 2022, 8: 1017-1027.

[4] MATIA Y, AN H S, SHEPHERD R F, et al. Magnetohydrodynamic levitation for high-performance flexible pumps [J]. Proceedings of the national academy of sciences, 2022, 119(29): 220.

[5] QU X, LIU Z, TAN P, et al. Artificial tactile perception smart finger for material identification based on triboelectric sensing [J]. Science advances, 2022, 8(31): 2521.

[6] SONG G, LIU Y, WANG X. Revisiting the sibling head in object detector [C] // Proceedings of the IEEE/CVF Conference on Computer Vision and Pattern Recognition. 2020: 11563-11572.

[7] SORIA E. Swarms of flying robots in unknown environments [J]. Science robotics, 2022, 7(66): 2215.

[8] WANG P, TANG Z, XIN W, et al. Design and experimental characterization of a push-pull flexible rod-driven soft-bodied robot [J]. IEEE robotics and automation letters, 2022, 7(4): 8933-8940.

[9] XIANG Y, LI B, LI B, et al. Toward a multifunctional light-driven biomimetic mudskipper-like robot for various application scenarios [J]. ACS applied materials &

interfaces, 2022, 14 (17): 20291-20302.

[10] YUAN L, GAO X, ZHENG Z, et al. In situ bidirectional human-robot value alignment [J]. Science robotics, 2022, 7 (68): 4183.

[11] ZHAO Y, CHI Y, HONG Y, et al. Twisting for soft intelligent autonomous robot in unstructured environments [J]. Proceedings of the national academy of sciences, 2022, 119 (22): 119.

[12] 2022年中国工业机器人市场趋势预测 [J]. 中国工业和信息化, 2022 (Z1): 44-47.

[13] 2022中国工业机器人市场研究报告 [J]. 机器人产业, 2022 (4): 83-95.

[14] 陈丹. 我国机器人产业迈向高质量发展阶段 [J]. 电气时代, 2022 (7): 31-33.

[15] 董桂才. 中国工业机器人在全球价值链的地位及变化趋势 [J]. 中国科技论坛, 2016 (3): 49-54.

[16] 冯帅. 智能制造中的工业机器人技术应用及发展 [J]. 电子技术与软件工程, 2022 (14): 76-79.

[17] 广东省知识产权保护中心. 广东省智能机器人产业专利统计分析报告 [R/OL]. [2022-08-15]. https://www.gippc.com.cn/ippc/zscqxxts/202208/a81206bf986845e581f343a528244ba6.shtml.

[18] 何桂梅. 智能机器人及其发展趋势展望 [J]. 信息记录材料, 2021, 22 (12): 5-6.

[19] 胡腾, 倪航, 方力, 等. 智能巡检机器人研究现状与发展方向分析 [J]. 机器人产业, 2022 (3): 30-35.

[20] 柯振东. 人工智能在机器人领域中的应用与发展 [J]. 科技与创新, 2021 (24): 160-161.

[21] 李昕哲, 庄亚文. 智能防疫机器人的设计与发展展望 [J]. 南方农机, 2022, 53 (2): 165-167.

[22] 刘飞. 我国工业机器人产业的困境 [J]. 中国信息界, 2022 (2): 78-83.

[23] 刘隽宏. 浅谈工业机器人的发展趋势 [J]. 新型工业化, 2022, 12 (4): 190-198.

［24］ 柳昕.工业机器人行业运行情况及发展趋势分析［J］.中国国情国力，2022（7）：11-15.

［25］ 莫洋，王耀南，刘杰，等.我国智能机器人核心芯片技术发展战略研究［J］.中国工程科学，2022，24（4）：62-73.

［26］ 孙琳.陶永：推动机器人快速有序发展助推智能制造升级［N］.人民政协报，2022-07-15（05）.

［27］ 维科网.2021年深圳市智能制造装备行业市场现状及发展趋势分析［EB/OL］.［2021-10-11］.https：// robot.ofweek.com / 2021-10 / ART-8321200-8110-30528842.html.

［28］ 维科网.工业机器人未来发展趋势分析［EB/OL］.［2022-02-24］.https：// robot.ofweek.com / 2022-02 / ART-8321200-8100-30550990.html.

［29］ 中国机器人网."传统x科技"的碰撞艾灸机器人智能理疗新突破［EB/OL］.［2022-08-15］.https：// www.robot-china.com / news / 202208 / 15 / 73257.Html.

［30］ 中国机器人网.ABB全新推出高速五轴并联机器人 FlexPickerIRB365［EB/OL］.［2022-08-02］.https：// www.robot-china.com / news / 202208 / 02 / 72885.html.

［31］ 中国机器人网.福特汽车研制机器人充电站来帮助残疾司机为车辆补能［EB/OL］.［2022-07-29］.https：// www.robot-china.com / news / 202207 / 29 / 72816.html.

［32］ 中国机器人网.机施集团研发国内首台地下连续墙钢筋笼焊接机器人［EB/OL］.［2022-08-09］.https：// www.robot-china.com / news / 202208 / 09 / 73097.html.

［33］ 中国机器人网.柯马重磅推出 RACER-5 SE：洁净室等级防水防污高速工业机器人［EB/OL］.［2022-07-13］.https：// www.robot-china.com / news / 202207 / 13 / 72312.html.

［34］ 中国机器人网.抢先特斯拉！小米发布人形机器人 雷军赛博梦再进一步［EB/OL］.［2022-08-12］.https：// www.robot-china.com / news / 202208 / 12 / 73164.html.

［35］ 中国机器人网.人工智能解锁新场景商汤AI下棋机器人走进家庭［EB/OL］.［2022-08-10］.https：// www.robot-china.com / news / 202208 / 10 / 73103.html.

［36］中国机器人网.腾讯正式发布 Max 二代机器人：可翻跟头"梅花桩"精确踩点［EB/OL］.［2022-08-08］.https：// www.robot-china.com / news / 202208/ 08 / 73064.html.

［37］中国机器人网.亚马逊推出其首款全自动仓库机器人可在人群中穿梭［EB/OL］.［2022-06-22］.https：// www.robot-china.com / news / 202206 / 22 / 71611.html.

后　记

《广东省智能机器人产业创新发展报告（2022）》是由广东省科学技术情报研究所、广东省机器人协会联合业内专家团队共同编制的。本报告编制过程中得到了华南理工大学、中国科学技术信息研究所、广东省科学院信息研究所、广州智能装备研究院有限公司等省内外相关单位和专家团队的大力支持和帮助，在此表示衷心的感谢！本报告部分内容是中国科协青年人才托举工程研究资助项目"新时期我国重点领域科技创新趋势与发展路径研究"（编号：2019QNRC001）阶段性研究成果，报告编制出版也得到该项目的支持和资助。

本报告系统梳理全球、中国及广东省智能机器人产业、技术、政策等情况，"图文并茂"地展示国内外，特别是广东省智能机器人产业链、创新链、政策支持及区域分布等概况，为更好促进广东省智能机器人产业发展和技术创新提供决策支撑，也为从事和关心智能机器人产业发展和技术研发的广大读者提供信息参考。本报告的数据和信息主要是通过对国内外的相关产业政策规划文件、行业咨询报告、国内外专利数据库、论文数据库、网络公开信息、相关地市和园区及企业调研信息、专家座谈咨询等进行梳理及研究获得的，所有原创文字、图片、数据的版权归广东省科学技术情报研究所、广东省机器人协会所有，任何第三方转载或引用本报告的内容须注明资料来源，商业用途须另以书面形式征得版权所有方同意。

由于编者水平有限，书中难免存在疏漏和不足之处，欢迎广大读者批评指正，希望本报告的出版能够更好地支撑广东省智能机器人产业高质量发展。